ANDREAS KITSCHKE

Italien in Potsdam
Ein Spaziergang
durch Potsdam und Sanssouci

L'Italia *a Potsdam*
passeggiata nel parco e nella città

›Il Ponte‹

MIT ZEICHNUNGEN VON ELKE BULLERT

HAUS DES HOFGÄRTNERS
CASA DEL
GIARDINIERE DI CORTE

ZUR ZWEITEN, ERWEITERTEN AUFLAGE

Potsdam ist in seiner Architektur außerordentlich stark durch Italien geprägt. Italienische Städte haben bei der Restaurierung ihrer denkmalgeschützten Bausubstanz mit zeitgemäßer Nutzung des städtischen Raums große Erfahrung, auf die Potsdam bei der Wiederherstellung seines historischen Stadtkerns zurückgreifen kann.

Seit dem Ende des Kalten Krieges sind auf allen Gebieten lebhafte Beziehungen zwischen Potsdam und Italien entstanden, die der Bevölkerung vielfältige Möglichkeiten eines vertieften kulturellen und fachlichen Austausches bieten.

Die vielfältigen Initiativen von IL PONTE *Brandenburgische Gesellschaft der Freunde Italiens e.V. wurden durch die Italienische Botschaft, das Italienische Kulturinstitut, die Stadt Potsdam und das Land Brandenburg unterstützt und ermöglichten es, die Beziehungen zwischen Potsdam und Italien, insbesondere mit Potsdams Partnerstadt Perugia, erfolgreich zu intensivieren.*

Geschichte, auch Kulturgeschichte, ist stets in ihren geschichtlichen Verläufen und gegenseitigen Einflüssen zu sehen. Die Jetztzeit bietet da einen großen, nicht nur architektonischen Fundus. Wir wollen ihn nutzen.

Möge die zweite, erweiterte Auflage von ›Italien in POTSDAM‹ *dazu beitragen!*

LA SECONDA EDIZIONE AMPLIATA

Nella sua architettura, la città di Potsdam mostra un'accentuata impronta italiana. Le città in Italia hanno acquisito grande esperienza nel campo del restauro dei loro monumenti soggetti a tutela, pur adeguando questi spazi pubblici ad usi moderni. Potsdam può ispirarsi a questa esperienza per risistemare il suo centro storico.

Sin dalla fine della guerra fredda sono sorti, in tutti i settori, vivaci rapporti fra Potsdam e l'Italia, che offrono ai cittadini molteplici possibilità di approfonditi scambi culturali e professionali.

Le numerose attività de IL PONTE *Associazione Brandeburghese degli Amici d'Italia, sono state sostenute dall'Ambasciata italiana, dall'Istituto Italiano di Cultura, dal Comune di Potsdam e dal Land Brandeburgo e hanno permesso di sviluppare con successo i rapporti fra Potsdam e l'Italia, in modo particolare con la città di Perugia, città gemellata con Potsdam.*

*La nostra storia, anche quella culturale, va sempre considerata nei suoi sviluppi e nei reciproci influssi. L'epoca attuale ce ne offre grandi esempi, non solo nel settore dell'architettura, di cui vogliamo usufruire. Possa la seconda edizione ampliata di ›*L'ITALIA *a Potsdam‹ costituirne un valido contributo!*

INHALT / SOMMARIO

Stadtgeschichtlicher Prolog 5 · *La città di Potsdam – prologo storico* 9
Stadtrundgang 15 · *Giro della città* 14
Parkrundgang 57 · *Giro del parco* 56
Bauen in Potsdam – ein Nachwort 74 · *Costruire a Potsdam – un epilogo* 76
Ortsverzeichnis · *Elenco dei luoghi* 78
Personenregister · *Elenco delle persone* 80

STADTGESCHICHTLICHER PROLOG   AM ALTEN MARKT

Die Vielfalt der Potsdamer Architektur ist Sinnbild jener Toleranz, die sich spätestens seit dem ›Edikt von Potsdam‹ (1685), das verfolgten Hugenotten auch aus wirtschaftlichen Gründen Heimatrecht gewährte, mit dem Namen unserer Stadt verbindet. Ein ganzes barockes Stadtviertel aus 134 Häusern in holländischem Stil, entstanden unter dem ›Soldatenkönig‹ *Friedrich Wilhelm I.*, kann man noch heute bewundern.

Dazu gab es die drei überdimensionalen, ebenfalls holländisch anmutenden Türme der NIKOLAI-, HEILIGENGEIST- und GARNISONKIRCHE, den als Gracht angelegten STADTKANAL, und noch zwei Generationen darauf wurde im NEUEN GARTEN ein ›Holländisches Etablissement‹ angelegt.

Französische Lebensart und Eleganz des Rokoko atmen das berühmte SANSSOUCI, die NEUEN KAMMERN und auch noch die Innenräume des NEUEN PALAIS (letzter Schlossbau *Friedrichs des Großen*). In jener Zeit war es sogar Mode, sich chinesischer Architektur zu bedienen – das zauberhafte TEEHAUS und das DRACHENHAUS, eingebettet in die Parklandschaft von Sanssouci, zeugen davon.

Ebenfalls weit über Potsdam hinaus bekannt ist die 1826 bis 1829 als russisches Militärdorf aus Blockhäusern und einem Kirchlein gestaltete KOLONIE ALEXANDROWKA. Oder denken wir an die orientalische Gestalt und Farbigkeit der wenig später als Wasserwerk erbauten MOSCHEE.

Die HILLER-BRANDTSCHEN HÄUSER in der Breiten Straße sowie die SCHLÖSSER BABELSBERG und CECILIENHOF, die jeweils in einem anderen Jahrhundert entstanden, lassen dagegen englische Architekturvorbilder erkennen.

Und auch davon, dass um die Mitte des 18. Jahrhunderts jenseits der Havel, im heutigen Babelsberg, eine böhmische Exulantenkolonie angelegt wurde, die bis 1938 sogar den tschechischen Namen NOWAWES trug, hat mancher schon gehört.

Doch »*Italien in* POTSDAM« – erscheint das nicht auf den ersten Blick etwas vordergründig und weit hergeholt?

Einen Hauch vom warmen Süden wollte schon *Friedrich der Große* in Potsdam verspüren. Die spartanische Fachwerkstadt, die sein Vater hinterlassen

PALAST BARBERIN
(ZERSTÖRT / DISTRUTTO)

hatte, wurde allmählich zu einer wirklichen Residenzstadt, hinter deren Palastfassaden sich nicht selten zwei oder drei Bürgerhäuser verbargen.

Sicherlich beeinflusst von seinem künstlerischen Berater, dem italienischen Grafen *Algarotti*, ließ *Friedrich der Große* Fassaden nach Kupferstichen von Bauwerken aus Italien errichten, denn selbst ist er nie dort gewesen. Seine Baumeister, vor allem *Georg Wenzeslaus von Knobelsdorff, Carl von Gontard* und *Georg Christian Unger*, hatten diese Vorlagen mehr oder weniger modifiziert umzusetzen.

Nach der äußeren Veränderung des POTSDAMER STADTSCHLOSSES durch korinthische Kolossalpilaster und antikisierende Tempelfassaden auf der Marktseite (*Knobelsdorff* 1744/45) erhielt die damals dreißig Jahre bestehende barocke NIKOLAIKIRCHE bei der Umgestaltung des ALTEN MARKTES zu einer italienischen Piazza 1752 bis 1754 eine Schaufassade nach dem Vorbild der zehn Jahre zuvor von *Ferdinando Fuga* geschaffenen Westfassade der römischen BASILIKA S. MARIA MAGGIORE.

Gleichzeitig entstand das ALTE RATHAUS (als einziger Bau jener Zeit erhalten und im Stadtrundgang beschrieben), in dessen Flucht weiter links davon *Knobelsdorff* das PFARR- UND SCHULHAUS der NIKOLAIKIRCHE nach dem Vorbild des PALAZZO DELLA CONSULTA in Rom errichtete. Humorvoll hatte *Friedrich Christian Glume* übrigens die Bestimmung des Hauses mit einer Skulpturengruppe auf dem Frontispiz veranschaulicht, denn sie zeigte einen Lehrer, ›der einen Knaben stäupet‹.

Parallel zur Havel folgten 1771/72 der PALAST BARBERINI, dessen als Risalit gestalteter Mittelteil dem von *Carlo Maderna* erbauten gleichnamigen römischen Palazzo nachempfunden war, während die seitlichen Flügelbauten die VILLA BORGHESE zitierten.

Nicht weit davon stand das Abbild des um 1530 von *Michele Sanmichele* geschaffenen PALAZZO POMPEI in Verona.

An anderen Stellen Potsdams erhoben sich weitere italienisierende Bauten. Ein nördlich an den WILHELMPLATZ (Platz der Einheit) grenzendes Häuserkarree fasste *Carl von Gontard* hinter einer großartigen dreigeschossigen Fassade nach dem Vorbild eines von *Robert Pitrou* für die

STADTGESCHICHTLICHER PROLOG

STADTSCHLOSS
PALAZZO REALE
(ZERSTÖRT / DISTRUTTO)

Pariser Cité-Insel entworfenen Palastes zusammen (heute Standort der 1996/1997 erbauten Wilhelmgalerie).

Im Westen dieses Platzes stand ein Wohnhaus, dem der 1695 von *Carlo Stefano Fontana* zu einem Wohnhaus ausgebaute HADRIANSTEMPEL in Rom zum Vorbild diente.

Palladios Bauwerk PALAZZO MARCANTONIO THIENE aus Vicenza wurde AM NEUEN MARKT zitiert. Bis auf das ALTE RATHAUS sind alle diese stattlichen Gebäude im Zweiten Weltkrieg vernichtet worden. Das 1945 beschädigte BERLINER TOR, 1752 von *Jan Boumann* nach Art römischer Triumphbögen errichtet, existiert ebenfalls nicht mehr.

Was dagegen aus dieser Zeit erhalten blieb, soll Gegenstand unseres Stadtrundgangs sein.

Der ALTE MARKT ging im Bombenhagel des 14. April 1945 unter. Sein Wiederaufbau wurde Anfang der fünfziger Jahre zwar erwogen, kam aber – bis auf das ALTE RATHAUS und das daneben befindliche KNOBELSDORFFHAUS – nicht zur Ausführung. Stattdessen riss man das STADTSCHLOSS, dessen Umfassungsmauern und bildplastischer Schmuck zu fast 80 Prozent erhalten waren, 1959/60 ab und legte hier eine weiträumige Straßenkreuzung an. Gewachsene Strukturen des zentralen Stadtgrundrisses wurden dabei völlig ignoriert. Die danach errichteten Neubauten an der stark verbreiterten Friedrich-Ebert-Straße und das Hotelhochhaus sind an architektonischer Ausdruckslosigkeit kaum zu überbieten.

Es ist nunmehr beschlossen, den historischen Stadtgrundriss um den ALTEN MARKT wiederzugewinnen und dabei das STADTSCHLOSS in seiner äußeren Form zu rekonstruieren.

Ein Jahrhundert nach *Friedrich dem Großen* wählte *Friedrich Wilhelm IV.*, der ›Romantiker auf dem Thron‹, Potsdam wieder zur Residenz. Seine Italiensehnsucht war noch weit stärker ausgeprägt als bei seinem berühmten Großonkel.

Zweimal, 1828 und 1835, hat er als Kronprinz Italien besucht. Wie viele seiner Zeitgenossen war *Friedrich Wilhelm IV.* begeistert von der Kultur, der Landschaft und der aus ihr erwachsenen Architektur.

Nach seinem Willen sollte ein Widerschein Italiens – angepaßt an die lokalen Gegebenheiten – im Raum Potsdam Gestalt gewinnen. So entstand entlang der Havel eine Kunstlandschaft, die zu den großartigsten Schöpfungen deutscher Romantik zählt.

Während *Karl Friedrich Schinkel* die griechische Antike favorisiert hatte, ging dessen Schüler, der ›Architekt des Königs‹ *Friedrich Ludwig Persius*, dessen Vorfahren übrigens im 16. Jahrhundert aus Italien eingewandert waren, in geradezu genialer Weise auf die Neigungen *Friedrich Wilhelms IV.* ein und schuf die für Potsdam bald prägende asymmetrische Villa, die italienischen Landhäusern frei nachgestaltet wurde.

Bei den Sakralbauten wurde die frühchristliche Basilika zum Vorbild. Das Motiv der an den südländischen Originalen stets nachträglich und aus baustatischen Gründen freistehend neben den Kirchenbauten errichteten Glockentürme (Campanili) wurde nun bewusst unter dem Gesichtspunkt malerischer Wirkung angewandt.

Neben *Persius* waren es dessen Mitarbeiter *Ferdinand von Arnim*, Schlossbaumeister *Albert Dietrich Schadow*, später *August Stüler*, *Ludwig Ferdinand Hesse* und *Heinrich Haeberlin*, die italienische Stilmittel einsetzten. *Wilhelm Salzenberg*, *Stülers* Nachfolger im Kirchenbauressort, beschließt diese Epoche.

Das Gesamtkunstwerk der POTSDAMER HAVELLANDSCHAFT, 1991 in die Weltkulturerbeliste der UNESCO aufgenommen, ist jedoch nicht denkbar ohne das Wirken des Gartenkünstlers *Peter Joseph Lenné*.

Mit dem PARK VON SANSSOUCI, dem NEUEN GARTEN und dem BABELSBERGER PARK (hier abgelöst durch *Hermann Fürst von Pückler*) als Kernstücke schuf er innerhalb weniger Jahre aus der ›märkischen Streusandbüchse‹ ein grünendes Paradies.

Nichts ist hier zufällig, die landschaftlichen Sichtachsen von und zu den architektonischen Blickfängen lassen wohl menschliches Zutun erahnen, doch wirkt alles wie selbstverständlich und naturbelassen.

Und eben diese Verbindung der grünenden Kunstlandschaft mit den architektonischen Akzenten auf den Höhenzügen und den Spiegelungseffekten in den schimmernden Havelseen macht Potsdam so reizvoll.

LA CITTÀ DI POTSDAM – PROLOGO STORICO

AM ALTEN MARKT, 1912

La varietà dell'architettura di Potsdam è indicativa di quella tolleranza, suggellata con l' ›Editto di Potsdam‹ (1685), con il quale si concesse, anche per motivi economici, il diritto di residenza agli ugonotti perseguitati.

Ancora oggi si può ammirare un intero quartiere barocco, sorto durante il regno di *Federico Guglielmo* I, il ›re soldato‹, di cui fanno parte 134 case in stile olandese. Inoltre, nel centro storico un tempo si ergevano le tre imponenti torri campanarie olandesizzanti della CHIESA DI S. NICOLA, della CHIESA DEL SANTO SPIRITO e quella della GUARNIGIONE; più tardi vennero costruiti il CANALE DELLA CITTÀ e, ancora due generazioni dopo, *l'Etablissement* Olandese nel GIARDINO NUOVO.

Il famoso castello di SANSSOUCI, le CAMERE NUOVE ed ancora gli spazi interni del PALAZZO NUOVO (l'ultimo castello costruito sotto *Federico il Grande*) fanno respirare il modo di vivere francese e l'eleganza del Rococò. Nello stesso periodo, era persino di moda servirsi di modelli dell'architettura cinese, come testimoniano l'affascinante PADIGLIONE DEL TÈ e la CASA DEL DRAGO, che si trovano immersi nel paesaggio dei parchi di Potsdam.

Molto conosciuta, fuori Potsdam, è la COLONIA ALEXANDROWKA, costruita nel 1826 – 1829 ad imitazione di un villaggio militare russo, con case in legno ed una chiesetta. E ancora, si pensi alla forma e alla policromia della centrale idrica, costruita, poco più tardi, in forma di MOSCHEA. Nelle CASE DI HILLER-BRANDT, nella Breite Straße, nonché nei CASTELLI DI BABELSBERG e di CECILIENHOF, eretti ognuno in un secolo diverso, si riconoscono invece modelli dell'architettura inglese. Ed è ben noto il fatto che, intorno alla metà del XVIII secolo, sull'altra riva del fiume Havel, nell'attuale Babelsberg, venne costruita una colonia di esuli della Boemia, la quale, fino al 1938, portò il nome ceco di NOWAWES.

Ma, ›L'ITALIA *a Potsdam*‹: non potrebbe sembrare, a prima vista, un titolo un po' superficiale e forzato?

Già *Federico il Grande* voleva avvertire a Potsdam almeno un alito del calore del sud. La città spartana, lasciatagli in eredità dal padre, con le sue case in opera a graticcio, si stava sviluppando man mano in un vero e proprio centro residenziale, in cui, dietro le facciate dei palazzi, non raramente si nascondevano due o persino tre abitazioni borghesi.

Federico il Grande, sicuramente influenzato dal suo consulente artistico, il conte italiano *Algarotti*, fece costruire alcune facciate sulla base di incisioni in rame di edifici italiani (dal momento che lui stesso non vi si è mai recato). I suoi architetti, soprattutto *Georg Wenzeslaus von Knobelsdorff*, *Carl von Gontard* e *Georg Christian Unger*, realizzarono edifici sulla base di questi modelli, variandoli più o meno, a seconda dei casi.

BERLINER TOR
PORTA DI BERLINO
(ZERSTÖRT / DISTRUTTA)

Dopo la trasformazione esterna del POTSDAMER STADTSCHLOSS (Palazzo reale di Potsdam), realizzata tramite l'addossamento di colossali pilastri corinzi ed il rifacimento delle facciate che danno sulla piazza del mercato (*Knobelsdorff* 1744/45) sul modello di templi antichi, anche la chiesa barocca di S. NICOLA, costruita 30 anni prima, fra il 1752 e il 1754, ricevette una nuova facciata, mentre l'ALTER MARKT andava assumendo l'aspetto di una piazza italiana. Il risultato fu la creazione di un mirabile prospetto, che richiamava la facciata occidentale della basilica romana di S. MARIA MAGGIORE, costruita 10 anni prima da *Ferdinando Fuga*.

Nello stesso tempo venne costruito l'ALTES RATHAUS, il Municipio vecchio (unico edificio rimasto di quel periodo e descritto nella sezione dedicata al giro della città). Allineato a questo, sulla sinistra, *Knobelsdorff* costruì, sul modello del PALAZZO DELLA CONSULTA a Roma, la casa parrocchiale – adibita anche a scuola – della CHIESA DI S. NICOLA. *Friedrich Christian Glume* ne rese evidente la destinazione in maniera allegorica, mediante un gruppo di sculture addossate alla facciata, che raffigurano un maestro ›che bastona un ragazzo‹.

Parallelamente al fiume Havel seguì, nel 1771/72, la costruzione del PALAZZO BARBERINI, la cui parte centrale, realizzata a guisa di avancorpo, ricorda l'omonimo palazzo romano costruito da *Carlo Maderno*, mentre le ali laterali riprendono la Villa Borghese a Roma.

Non lontano da lì si trovava una copia del PALAZZO POMPEI di Verona, costruito da *Michele Sanmicheli*.

Ma anche altrove, a Potsdam, si innalzavano costruzioni italianizzanti. La magnifica facciata di un edificio a corte su tre piani, situato a nord della WILHELMPLATZ (oggi Platz der Einheit, dove è stata costruita, nel 1996/97, la Wilhelmgalerie), venne realizzata da *Carl von Gontard* sull'esempio di un palazzo progettato da *Robert Pitrou* per l'Ile de la Cité a Parigi.

Ad ovest di questa piazza si ergeva una casa residenziale, il cui modello era stato il TEMPIO DI ADRIANO a Roma, trasformato anch'esso in residenza, nel 1695, da *Carlo Stefano Fontana*.

E l'edificio palladiano di PALAZZO MARCANTONIO THIENE a Vicenza venne ripreso nel MERCATO NUOVO. Tranne l'ALTES RATHAUS, tutti questi imponenti edifici sono stati distrutti durante la seconda guerra mondiale. Anche la BERLINER TOR, costruita nel 1752 da *Jan Boumann*, sull'esempio degli archi di trionfo romani e danneggiata nel 1945, ora non esiste più. Ciò che invece è rimasto di quel periodo sarà oggetto della sezione dedicata al giro della città.

L'ALTER MARKT fu distrutto dai bombardamenti a pioggia del 14 aprile 1945. L'idea della sua ristrutturazione venne sì presa in considerazione all'inizio degli anni Cinquanta, ma non si è fatto mai nulla, tranne che per l'ALTES RATHAUS e la contigua KNOBELSDORFFHAUS (Casa costruita da *Knobelsdorff*).

Invece, nel 1959/60 si demolì lo STADTSCHLOSS (Palazzo reale), i cui muri esterni e la cui decorazione plastica si erano conservati per l'80%, creando, in tal modo, uno spazioso incrocio. Le strutture sviluppatesi durante i secoli precedenti vennero completamente ignorate, snaturando, in tal maniera, la pianta del centro della citta. Le nuove costruzioni erette più tardi lungo la Friedrich-Ebert-Straße, fortemente ampliata, e il grattacielo dell'albergo sono, quanto a mancanza di espressività architettonica, ben difficili da superare.

Adesso sono in programma il ripristino della pianta storica della città nella zona intorno all'ALTER MARKT e la rimessa in luce del Palazzo reale, almeno nella sua perimetria.

Un secolo dopo l'epoca di *Federico il Grande*, *Federico Guglielmo IV*, il ›romantico sul trono‹, scelse di nuovo Potsdam come residenza. La sua nostalgia per l'Italia era ancora molto più spiccata di quella del suo famoso prozio.

La visitò due volte, nel 1828 e nel 1835, quand'era ancora principe ereditario. Come tanti dei suoi contemporanei era entusiasmato dalla cultura, dal paesaggio e dall'architettura che si era sviluppata in quei luoghi.

Maturò allora l'idea che un riflesso d'Italia, adattato alle condizioni locali, avrebbe dovuto prendere forma nell'area di Potsdam. Così, lungo il fiume Havel, si andò configurando uno dei paesaggi artistici più grandiosi del romanticismo tedesco.

Mentre *Karl Friedrich Schinkel* aveva preferito l'antichità greca, il suo allievo, l'architetto del re, *Friedrich Ludwig Persius* – i cui antenati, del resto, erano qui giunti dall'Italia nel XVI secolo – diede ascolto, in maniera addirittura geniale, alle passioni di *Federico Guglielmo IV* e creò la villa asimmetrica che, libera copia delle ville italiane di campagna, segnò ben presto il nuovo volto della città di Potsdam.

Gli edifici sacri furono invece edificati prendendo a modello le basiliche paleocristiane. Il motivo dei campanili – i quali negli originali del Sud erano stati costruiti, per ragioni statiche, separati dal corpo di fabbrica delle chiese – veniva ora utilizzato volutamente col solo scopo di ottenere un effetto pittoresco.

Collaboravano con *Persius: Ferdinand von Arnim* e *Albert Dietrich Schadow*, il costruttore di castelli, e in seguito anche *August Stüler, Ludwig Ferdinand*

Hesse, Heinrich Haeberlin e *Ernst Petzholz*; tutti si servirono del linguaggio stilistico italiano. *Wilhelm Salzenberg*, il successore di *Stüler*, fu l'ultimo degli architetti dell'epoca ad occuparsi di edilizia sacra.

L'opera d'arte nata dalla simbiosi tra paesaggio e architettura nell'area dello Havel a Potsdam (POTSDAMER HAVELLANDSCHAFT), iscritta dal 1991 nell'elenco del patrimonio culturale mondiale dell'UNESCO, sarebbe stata impensabile senza l'attività del paesaggista *Peter Joseph Lenné*.

Nel corso di pochi anni, *Lenné* trasformo la ›märkische Streusandbüchse‹ (cioè lo ›spargisabbia della Marca‹, come viene scherzosamente denominata la landa sabbiosa della Marca del Brandeburgo) in un paradiso verdeggiante, mediante la creazione dei suoi punti cardine: il PARCO DI SANSSOUCI, il NEUER GARTEN ed il PARCO DI BABELSBERG (in questo ultimo progetto poi sostituito da *Hermann Fürst von Pückler*).

Qui nulla è stato lasciato al caso. Gli assi visivi che nel paesaggio conducono lo sguardo da e verso i punti d'attrazione architettonici preminenti lasciano ben sottintendere l'opera dell'uomo, ma tutto sembra assolutamente spontaneo, come se la natura fosse stata lasciata intatta.

Ed è proprio questa mirabile simbiosi fra il paesaggio artistico verdeggiante e gli accenti architettonici che s'intravedono sulle colline – e che si riflettono poi nei laghi scintillanti formati dal fiume Havel – a rendere tanto attraente la città di Potsdam.

FORTUNA PORTAL /
PORTALE
DELLA DEA FORTUNA

ALTES RATHAUS
MUNICIPIO VECCHIO

GIRO DELLA CITTÀ

*Punto di partenza del giro della città, ben raggiungibile con i mezzi pubblici, è l'*ALTER MARKT, *una volta piazza centrale della città.*

1 / MUNICIPIO VECCHIO · *Boumann*

Sulla base di un disegno non realizzato di Andrea Palladio, destinato al vicentino Palazzo Angarone, Boumann costruì nel 1752/53 l'Altes Rathaus. Sulla scorta di modelli della sua patria olandese, vi aggiunse la torre con la cupola a gradini.

Poiché il proprietario della casa adiacente – il mastro fornaio Windelband – si rifiutò di venderla, si dovette ridimensionare il progetto del Municipio di due moduli. La casa del fornaio litigioso (distrutta nel 1945) è stata sostituita da una costruzione moderna che collega gli altri due edifici.

Nel 1776, la figura dorata dell'Atlante di piombo (pesante 6 tonnellate) precipitò, senza però provocare gravi danni all'edificio. La sua copia, che pesava soltanto un decimo dell'originale, venne realizzata in rame dall'artista Friedrich Jury di Potsdam, sempre nello stesso anno. Nella torre e nel piano dell'attico era collocata la prigione comunale.

La facciata venne articolata da otto colossali colonne con capitelli corinzi addossate al prospetto; sei sculture rappresentanti le virtù profane realizzate da Johann Gottlieb Heymüller decorano l'attico.

I *pendants* cristiani riprendono quelli dei cornicioni del prospetto principale della Chiesa di S. Nicola, costruita nello stesso periodo.

2 / CASA AD ANGOLO · *Knobelsdorff*

La casa d'angolo a destra del municipio è stata costruita da Georg Wenzeslaus von Knobelsdorff nel 1750/51 per il sellaio Lehmann.

La casa, oggi inserita nel complesso del Municipio vecchio, non riprende alcun modello italiano; il suo balcone è sorretto da figure cinesi.

Dopo i gravi danni riportati durante la guerra, questo complesso di edifici è stato ristrutturato ancora prima del 1966, mentre le altre costruzioni che davano sulla piazza sono state distrutte, compresi il Palazzo reale ed il Palazzo Barberini.

ECKHAUS
CASA AD ANGOLO

STADTRUNDGANG

Ausgangspunkt des Stadtrundgangs ist der ALTE MARKT, *zentraler Platz der Stadt, der mit öffentlichen Verkehrsmitteln gut zu erreichen ist.*

1 / ALTES RATHAUS · *Boumann*

In Anlehnung an einen nicht realisierten Entwurf von Andrea Palladio für den Palazzo Angarone in Vicenza erbaute Jan Boumann 1752/53 das Alte Rathaus. Den Turm mit Stufenkuppel fügte er nach Vorbildern aus seiner holländischen Heimat hinzu.

Weil sich der Bäckermeister Windelband weigerte, das Nachbarhaus zu verkaufen, musste das Rathaus zwei Achsen schmaler werden als geplant. Das Haus des streitbaren Bäckers (1945 zerstört) ist heute durch einen modernen Verbindungsbau ersetzt.

Die vergoldete Atlasfigur aus Blei (6t wiegend) stürzte 1776 herab, ohne am Gebäude größeren Schaden zu verursachen. Ihre Kopie – nur ein Zehntel so schwer – wurde noch im selben Jahr vom Potsdamer Künstler Friedrich Jury in Kupfer getrieben.

Oben in Turm und Attikageschoss befand sich das Stadtgefängnis. Acht kolossale Dreiviertelsäulen mit korinthischen Kapitellen gliedern die Fassade, sechs Skulpturen weltlicher Tugenden von Johann Gottlieb Heymüller schmücken die Attika.

Christliche Pendants dazu waren auf den Gesimsen der zur gleichen Zeit erbauten Schaufassade der Nikolaikirche zu finden.

2 / ECKHAUS · *Knobelsdorff*

Das Eckhaus rechts neben dem Rathaus erbaute Georg Wenzeslaus von Knobelsdorff 1750/51 für den Sattlermeister Lehmann.

Es ist heute ins Ensemble des Alten Rathauses einbezogen und hat kein italienisches Vorbild.

Chinesische Trägerfiguren stützen den Balkon. Nach schweren Kriegsschäden baute man dieses Gebäudeensemble bis 1966 wieder auf, während die übrigen Platzfronten einschließlich Stadtschloss und Palast Barberini abgerissen wurden.

STADTSCHLOSS
ÖSTLICHER KOPFBAU
PALAZZO REALE
FACCIATA ORIENTALE

3 / Palazzo reale · *Knobelsdorff*

La riconquista dell'antico centro storico di Potsdam culminerà con la costruzione del Landtag (Dieta del Land) nella forma del Castello reale con la facciata creata da Knobelsdorff nel 1744 – 1751, distrutto durante la guerra e completamente abbattuto 1959/60. Una consultazione popolare e generose offerte hanno reso possibile un progetto che si spera presto realizzato, molto vicino all'originale storico. Si potrà valutare il risultato paragonandolo alla notevole fedeltà della ricostruzione, avvenuta nel 2000 – 2002, del Portale della dea Fortuna, eretto nel 1701 da Jean de Bodt, resa anch'essa possibile da offerte generose.

4 / Obelisco · *Knobelsdorff*

L'obelisco costruito nel 1752 da Georg Wenzeslaus von Knobelsdorff rimanda, senz'altro, all'ambiente di una Piazza romana; esso, dopo il restauro 1979, risulta decorato con bassorilievi raffiguranti quattro degli architetti più importanti di Potsdam: Knobelsdorff, Gontard, Schinkel e Persius.

OBELISK
OBELISCO

5 / Palast Barberini · *Gontard, Persius*

Non è ancora certo, ma probabilmente, oltre allo Stadtschloss (il Palazzo reale) risorgerà anche il Palazzo Barberini, costruito nel 1771/72 da Gontard sul modello romano, nella sua facciata esterna storica, assieme alle due ali rivolte al fiume Havel, aggiunte nel 1847 – 1853 sulla base di un disegno di Persius dopo la morte dell'artista.

BLICK AUF
DAS STADTSCHLOSS UND
DIE NIKOLAIKIRCHE
VISTA SUL PALAZZO REALE
E LA CHIESA DI S. NICOLA

3 / STADTSCHLOSS · *Knobelsdorff*

Die alte Potsdamer Mitte wird mit dem Landtagsneubau im Erscheinungsbild des 1945 kriegszerstörten und 1959/60 abgerissenen Stadtschlosses mit der Fassadengliederung Knobelsdorffs von 1744 bis 1751 einen glanzvollen Höhepunkt erhalten. Eine Bürgerbefragung und großzügige Spenden ermöglichen die weitgehende Annäherung an das historische Original. An der Authentizität der 2000 bis 2002 ebenfalls durch eine freigebige Spende erfolgten Rekonstruktion des 1701 von Jean de Bodt errichteten Fortunaportals wird man das Ergebnis zu messen haben.

4 / OBELISK · *Knobelsdorff*

An das Ambiente einer römischen Piazza erinnert heute allenfalls der noch von Knobelsdorff 1752 errichtete Obelisk, den seit seinem Wiederaufbau 1979 Reliefs von vier der bedeutendsten Baumeister Potsdams – Knobelsdorff, Gontard, Schinkel und Persius – schmücken.

5 / PALAST BARBERINI · *Gontard, Persius*

Noch ist es nicht entschieden, doch besteht durchaus eine Chance, dass außer dem Stadtschloss auch der 1771/72 von *Carl von Gontard* nach römischem Vorbild erbaute Palast Barberini in seiner historischen Außengestalt wiedersteht, mitsamt den beiden havelseitigen Flügelbauten, welche nach einem Entwurf von Friedrich Ludwig Persius postum 1847 bis 1853 angefügt worden waren.

ENGEL AUF SÄULE
DER NIKOLAIKIRCHE
ANGELO SU UNA
COLONNA DELLA
CHIESA DI S. NICOLA

6 / Chiesa di S. Nicola · *Schinkel, Persius, Stüler*

Dopo l'incendio della chiesa barocca nel 1796 passarono 35 anni prima che, in quel luogo storico che già dal XIII secolo era occupato dalla chiesa comunale, ne venisse costruita una nuova: la Chiesa di S. Nicola, costruita fra il 1830 ed il 1850, su un originario progetto di Karl Friedrich Schinkel modificato da Ludwig Persius e August Stüler.

Nell'elaborazione della sua idea Schinkel dovette tenere fortemente conto dei desideri del principe ereditario Federico Guglielmo IV, il quale decise anche il profilo della cupola.

Dal disegno emergono delle chiare figure geometriche: il cubo, il cilindro, la semisfera. Schinkel ha sviluppato comunque un linguaggio formale individuale, che paga un tributo all'antichità classica (portico, palmette, colonne corinzie) evocando, seppur alla lontana, i tratti della cupola di S. Pietro a Roma. Ai tempi di Schinkel, Persius riuscì, dal 1830 al 1837, a realizzare solo l'imponente corpo della chiesa, i cui spazi interni, oggi, sono stati per la maggior parte restaurati.

Dal 1843 in poi seguì la costruzione del tamburo – che, circondato da colonne, sembra rialzato – e della cupola, un tempo dorata e scintillante. La cupola interna, con la volta più schiacciata, era ricoperta da una moderna costruzione formata da nervature di ferro su cuscinetti di laminato, fornita dalla fonderia Borsig di Berlino.

Persius aggiunse anche le quattro torri ad angolo ›fiorentine‹ che servono come contrafforti al peso della cupola. Lo spazio interno, di 52 metri d'altezza (solo un metro in meno rispetto al grattacielo dell'albergo di fronte), è impressionante con le sue ampie volte a botte e *pendantifs* che rendono superfluo qualsiasi appoggio a colonne.

KAPITELL / CAPITELLO
NIKOLAIKIRCHE
CHIESA DI S. NICOLA

La decorazione artistica dell'interno, quasi completamente distrutta nel 1945, venne eseguita, sulla base di disegni di Stüler, da allievi dello scultore Christian Daniel Rauch e del pittore Peter von Cornelius.

Nell'abside è stato restaurato il dipinto originale (evangelisti ed apostoli) di Bernhard Wilhelm Rosendahl. Le trasformazioni moderne dell'interno sono state eseguite per permettere diverse utilizzazioni degli spazi. Dopo i gravi danni subiti durante la guerra, la Chiesa di S. Nicola non ha potuto essere riaperta che nel 1981, anno dedicato a Schinkel. Dal 2009 si può salire sulla piattaforma, circondata dalle colonne, e godere una vista panoramica meravigliosa sulla città.

6 / NIKOLAIKIRCHE · *Schinkel, Persius, Stüler*

NIKOLAIKIRCHE
CHIESA DI S. NICOLA

Nach dem Brand der Barockkirche 1795 vergingen 35 Jahre, bevor an dieser historischen Stätte, die schon seit dem 13. Jahrhundert Standort der Stadtkirche war, ein neues Gotteshaus gebaut wurde: die von Karl Friedrich Schinkel entworfene und mit Modifikationen von Ludwig Persius und August Stüler 1830 bis 1850 errichtete Nikolaikirche.

Schinkel hatte sich beim Entwurf stark nach den Wünschen des Kronprinzen Friedrich Wilhelm IV. zu richten, der auch den Umriss der Kuppel bestimmte.

Der Entwurf zeigt klare geometrische Figuren: Würfel, Zylinder, Halbkugel. Karl Friedrich Schinkel fand eine ganz individuelle Formensprache, die eher der klassischen Antike Tribut zollt (Portikus, Palmetten, korinthische Säulen) und nur entfernt an die Peterskuppel in Rom erinnert. Zu seinen Lebzeiten wurde durch Ludwig Persius 1830 bis 1837 nur der wuchtige Unterbau realisiert, dessen Innenraumgestaltung heute im Wesentlichen restauriert ist.

Ab 1843 folgte der Bau des erhaben wirkenden, säulenumstellten Tambours und der einst in Vergoldungen erstrahlenden Kuppel, wobei die flacher gewölbte massive Innenkuppel von einer völlig neuartigen Eisenrippenkonstruktion auf Wälzlagern, geliefert von der Berliner Eisengießerei Borsig, überspannt wurde. Persius fügte auch die vier ›florentinischen‹ Ecktürme als Strebepfeiler gegen die Kuppellast hinzu.

Der 52 Meter hohe Innenraum (das gegenüberliegende Hotelhochhaus ist nur einen Meter höher) beeindruckt durch weitgespannte Tonnengewölbe und Pendentifs, welche eine Unterstützung durch Säulen überflüssig machen.

Die künstlerische Raumgestaltung stammt von Eleven des Bildhauers Christian Daniel Rauch und des Malers Peter von Cornelius nach Entwürfen August Stülers (1945 weitgehend zerstört).

Im Altarraum wurde die Erstfassung (Evangelisten und Apostel) von Bernhard Wilhelm Rosendahl restauriert. Die modernen Einbauten entstanden, um Räume für eine große Nutzungsvielfalt zu schaffen. Nach schweren Kriegsschäden konnte die Nikolaikirche erst im Schinkel-Jahr 1981 wieder eingeweiht werden. Seit 2009 gewährt die Plattform auf dem Säulenumgang einen herrlichen Blick auf die Stadt.

NEUER MARKT /
KUTSCHSTALL
MERCATO NUOVO /
RIMESSA DELLE CARROZZE

7 / OTTO ANGOLI · *Gontard*

La casa con il caratteristico angolo a forma concava, costruita nel 1771 sull'angolo a destra della Schwertfegerstraße, è ciò che rimane del quadrivio ›Otto angoli‹, un tempo tanto famoso. Carl von Gontard, l'autore delle torri a cupola sulla Piazza del Gendarmenmarkt a Berlino, si lasciò qui ispirare, ovviamente, dal quadrivio delle Quattro Fontane a Roma: i quattro edifici ad angolo, decorati ognuno in maniera diversa, avevano in comune gli smussamenti angolari che, in totale, formavano otto angoli.

8 / MERCATO NUOVO 3 · *Unger*

Proseguendo per la Schwertfegerstraße, si arriva nella Piazza del Neuer Markt, forse la piazza più bella di Potsdam. Realizzata nel 1670, solo ora si sta risvegliando, come ›la bella addormentata nel bosco‹. Georg Christian Unger costruì, nel 1770, Am Neuen Markt 3, la casa del carpentiere di corte Johann Georg Brendel, il cui monogramma, in ferro battuto, orna la scalinata. A Brendel si devono, fra l'altro, le costruzioni pittoresche dell'Isola dei Pavoni. Anche la casa doppia di fronte, nella Schwertfegerstraße 7a / Am Neuen Markt 3, nonché le case n° 6, 7 e 8 a nord della piazza, sono state realizzate da Unger.

9 / AM NEUEN MARKT 5 · *Fortmann-Drühe*

Nell'asse visivo dalla Schlossstraße, la nota architetto Nicola Fortmann-Drühe ha creato nel 2002 un edificio residenziale ispirato alla costruzione precedente, distrutta durante la guerra. Dietro lo zoccolo rusticato di un piano e mezzo si trovano due piani adibiti ad uso commerciale; sopra si nascondono tre piani residenziali dietro una facciata in pietra di calcestruzzo che, in maniera semplificata, ricordano lo schema di facciata della costruzione precedente. Su ordine di Federico il Grande, Johann Gottfried Büring dovette riprendere il sistema della facciata del Palazzo Thiene a Vicenza, progettato da Palladio nel 1542, per la casa residenziale eretta nel 1755 che, con due piani e due mezzanini, superava gli edifici circostanti.

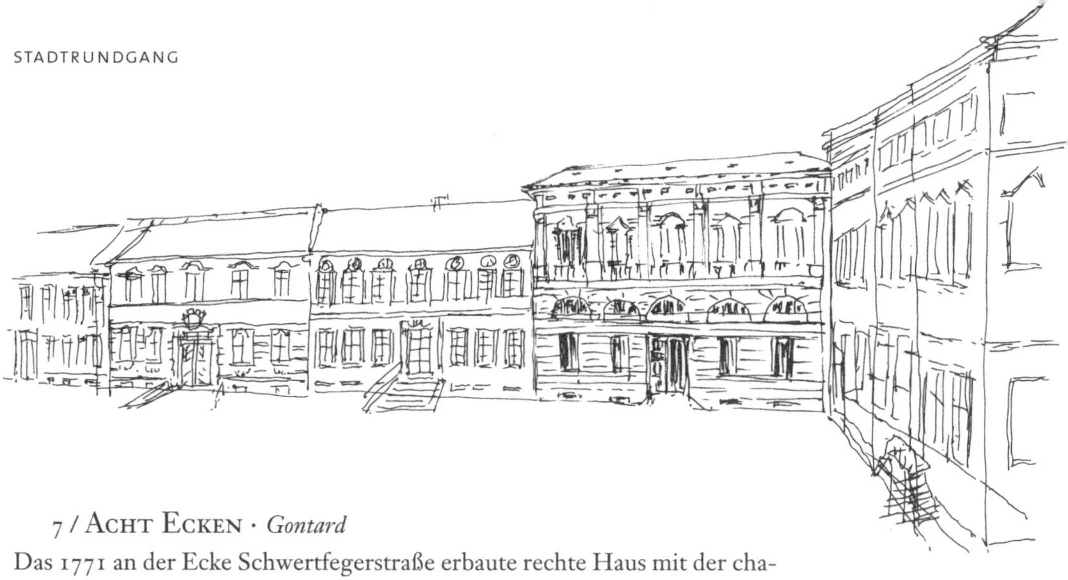

7 / ACHT ECKEN · *Gontard*

Das 1771 an der Ecke Schwertfegerstraße erbaute rechte Haus mit der charakteristischen konkaven Eckausbildung ist der Rest der einst berühmten Straßenkreuzung ›Acht Ecken‹. Carl von Gontard, Schöpfer der Kuppeltürme auf dem Berliner Gendarmenmarkt, ließ sich hier offenbar von der Kreuzung Quattro Fontane in Rom inspirieren. Die vier unterschiedlich dekorierten Eckbauten hatten eine Gemeinsamkeit – die segmentförmigen Abstumpfungen, die zusammen eben acht Ecken bildeten.

HÄUSER / PALAZZI
AM NEUEN MARKT

8 / NEUER MARKT 3 · *Unger*

Durch die Schwertfegerstraße gelangt man auf den 1670 angelegten Neuen Markt, den wohl schönsten erhaltenen Platz Potsdams, der wieder aus seinem ›Dornröschenschlaf‹ erwacht. Georg Christian Unger errichtete 1770 Am Neuen Markt 3 das Haus des Hofzimmermeisters Johann Georg Brendel, dessen schmiedeeisernes Monogramm die Freitreppe schmückt. Brendel verdanken wir unter anderem die malerischen Bauten auf der Pfaueninsel. Das gegenüberliegende Doppelhaus Schwertfegerstraße 7a / Am Neuen Markt 3 sowie die Häuser Nr. 6, 7 und 8 an der Nordseite des Platzes wurden gleichfalls von Unger gestaltet.

9 / AM NEUEN MARKT 5 · *Fortmann-Drühe*

In der Blickachse von der Schlossstraße schuf die Architektin Nicola Fortmann-Drühe 2002 ein Wohnhaus, welches an seinen kriegszerstörten Vorgängerbau erinnert, ohne ihn zu kopieren. Hinter dem anderthalbgeschossigen rustizierten Sockel befinden sich zwei Etagen zur gewerblichen Nutzung, darüber verbergen sich drei Wohngeschosse hinter einer Betonwerksteinfassade, welche vereinfacht das Fassadenschema des Vorgängerbaues zitieren. Johann Gottfried Büring hatte auf Befehl Friedrichs des Großen für das 1755 errichtete Wohnhaus, das mit zwei Haupt- und zwei Mezzaningeschossen die umgebende Bebauung überragte, das Fassadensystem des 1542 von Palladio entworfenen Palazzo Thiene in Vicenza zu übernehmen.

ACHT ECKEN
OTTO ANGOLI

MARSTALL
SCUDERIE

10 / Rimessa delle carrozze · *Krüger*

Dietro l'edificio classicistico della Ratswaage (Pesa pubblica), costruita nel 1836 da Christian Heinrich Ziller, si intravede la cosiddetta rimessa delle carrozze eretta da Andreas Ludwig Krüger, edificio che ospita il Preußenmuseum (Museo della Prussia). Il centro dell'ex stalla per i cavalli delle carrozze è stato messo in evidenza da una struttura aggettante, realizzata come un portale che evoca un arco di trionfo romano.

I fratelli scultori Wohler crearono, inoltre, la quadriga sovrastante che drammaticamente descrive la concitata fase in cui il cocchiere personale dell'Alter Fritz, poco prima dell'abisso, s'impadronisce delle redini dei cavalli che s'impennano e sembra riuscire a frenare, in extremis, la loro folle corsa.

11 / Am Neuen Markt 10 · *Knobelsdorff*

Le facciate barocche della parte ovest della strada Am Neuen Markt n° 10 (con l'emblema del vetraio Regeler), nelle cui immediate vicinanze si trovava il Palazzo reale, sono state create per la maggior parte da Georg Wenzeslaus von Knobelsdorff, come anche gli edifici della Schlossstraße, fin oltre la Breite Straße.

12 / Casa del gabinetto reale · *Diterichs*

L'edificio Am Neuen Markt 1/2 era, una volta, il palazzo del principe ereditario Federico Guglielmo II, nipote e successore di Federico il Grande (più tardi divenne la Casa del gabinetto reale).

Originariamente realizzato da Friedrich Wilhelm Diterichs, probabilmente come casa d'abitazione per i Krumbholz, venne trasformato, nel 1765, per il successore al trono. Gli atlanti che sorreggono il balcone sono stati creati da Friedrich Christian Glume.

MARSTALL / SCUDERIE
SEITENEINGANG
PORTALE LATERALE

13 / Scuderie · *Knobelsdorff*

Il Marstall, originariamente costruito come ›serra per gli aranci‹, fu trasformato in scuderia da Georg Wenzeslaus von Knobelsdorff (oggi ospita il Museo del cinema). L'edificio è decorato con vivaci gruppi di sculture di Friedrich Christian Glume; i domatori di cavalli alludono all'originaria destinazione della costruzione.

10 / KUTSCHSTALL · *Krüger*

Hinter dem klassizistischen Gebäude der Ratswaage, erbaut von Christian Heinrich Ziller 1836, erblickt man den 1787 bis 1791 durch Andreas Ludwig Krüger errichteten so genannten Kutschstall, der das Preußenmuseum beherbergt. Der einstige Stall für die Kutschpferde wird in der Mitte betont von einem Portalrisalit, der einem römischen Triumphbogen ähnelt.
Die Bildhauer Gebrüder Wohler gestalteten die darauf befindliche Quadriga auf hochdramatische Weise: Kurz vor dem Abgrund reißt der Leibkutscher des ›Alten Fritzen‹ die Zügel der sich aufbäumenden Pferde an sich und scheint die volle Fahrt des Gespanns zu hemmen.

KUTSCHSTALL PORTAL
RIMESSA DELLE CARROZZE PORTALE

11 / AM NEUEN MARKT 10 · *Knobelsdorff*

Die Barockfassaden auf der Westseite der Straße Am Neuen Markt 10 (mit dem Hauszeichen des Glasmeisters Regeler), in deren unmittelbarer Nähe sich das Stadtschloss befand, wurden größtenteils von Georg Wenzeslaus von Knobelsdorff gestaltet, so auch die Bebauung der Schloss-Straße bis über die Breite Straße hinaus.

12 / KÖNIGLICHES KABINETTSHAUS · *Diterichs*

Das Haus Am Neuen Markt 1/2 war das Kronprinzenpalais für Friedrich Wilhelm II., Neffe und Nachfolger Friedrichs des Großen (später königliches Kabinettshaus).
Ursprünglich 1753 wohl von Friedrich Wilhelm Diterichs als Wohnhaus Krumbholz erbaut, wurde es 1765 für den Thronfolger umgestaltet.
Die Atlanten, welche den Balkon tragen, schuf der Bildhauer Friedrich Christian Glume.

KÖNIGLICHES KABINETTSHAUS
CASA DEL GABINETTO REALE

13 / MARSTALL · *Knobelsdorff*

Den von Georg Wenzeslaus von Knobelsdorff aus einem Orangeriegebäude umgestalteten Marstall (heute Filmmuseum) schmücken bewegte Skulpturengruppen von Friedrich Christian Glume; die Rossebändiger versinnbildlichen den einstigen Zweck des Bauwerks.

GARNISONSCHULE
SCUOLA
DELLA GUARNIGIONE

14 / Palais Ingersleben · *Knobelsdorff*

Il Palazzo per il colonello Ingersleben – costruito da Georg Wenzeslaus von Knobelsdorff, nel 1752, direttamente sul muro del Lustgarten – era una volta la sede del governo reale e più tardi della questura della città, destinazione che ha conservato fino ad oggi.

15 / Scuola della Guarnigione

Le case successive, nell'odierna Henning-von-Tresckow-Straße, utilizzate attualmente dalla questura, appartenevano, in origine, alla famosa Chiesa della Guarnigione e comprendevano: la scuola della guarnigione costruita nel 1772 (n° 11), la casa del predicatore di corte, radicalmente modificata nel 1805 (n° 10), e la ex sede del prevosto luterano (n° 9), eretta nel 1736.

16 / Caserma del reggimento di fanteria n° 9

Qui accanto si trova l'ex caserma, costruita nel 1884 per ospitare il reggimento di fanteria n° 9, che si inseriva nella tradizione del Primo reggimento della guardia a piedi. A questo reggimento appartenevano molti degli uomini che ebbero una parte di primo piano nella rivolta contro Hitler del 20 luglio 1944, fra cui Henning von Tresckow, che ha dato l'attuale nome alla strada, originariamente denominata prima Priesterstraße e poi Bauhofstraße.

17 / Facciata princpale ›Stalla lunga‹ · *Unger*

Nella Breite Straße si trova la facciata dell'edificio Langer Stall, costruita da Georg Christian Unger nel 1781. Superate le abitazioni studentesche, un tempo tristi costruzioni prefabbricate del periodo della DDR, si apre a destra una piazzetta (una volta direttamente accanto alla Chiesa della Guarnigione), in fondo alla quale si ergeva il suddetto edificio adibito alle esercitazioni militari, che fu distrutto dal fuoco nel 1945 e di cui è rimasta appunto solamente la facciata pomposa. Il modello dell'edificio era la Loggia Palladiana del Giardino Valmarana a Vicenza.

STADTRUNDGANG

LANGER STALL
STALLA LUNGA

14 / Palais Ingersleben · *Knobelsdorff*

Das durch Georg Wenzeslaus von Knobelsdorff 1752 direkt an der Lustgartenmauer errichtete Palais für Oberst Carl Ludwig von Ingersleben war einst Sitz der Königlichen Regierung und wurde dann später (bis heute) das Polizeipräsidium der Stadt.

15 / Garnisonschule

Die sich an das Palais Ingersleben anschließenden Häuser in der heutigen Henning-von-Tresckow-Straße, jetzt vom Polizeipräsidium genutzt, gehörten ursprünglich zur berühmten Garnisonkirche: die im Jahre 1772 errichtete Garnisonschule (Nr. 11), das 1805 neu gestaltete reformierte Hofpredigerhaus (Nr. 10) und die im Jahre 1736 erbaute einstige lutherische Feldpropstei (Nr. 9).

16 / Kaserne des Infanterieregiments Nr. 9

Daneben befindet sich die 1884 erbaute ehemalige Kaserne des Infanterieregiments Nr. 9, das in der Tradition des Ersten Garderegiments zu Fuß stand. Aus diesem Regiment waren viele führende Männer des Aufstands gegen Hitler vom 20. Juli 1944 hervorgegangen, unter ihnen Henning von Tresckow, nach dem die Straße (ursprünglich Priesterstraße, dann Bauhofstraße) heute benannt ist.

PALAIS INGERSLEBEN

17 / Kopfbau des ›Langen Stalls‹ · *Unger*

In der Breiten Straße befindet sich der 1781 von Georg Christian Unger errichtete Kopfbau vom ›Langen Stall‹. Am Ende der einst tristen, heute vielfach farbenfroh sanierten Platten-Wohnheime aus der DDR-Zeit öffnet sich rechts ein kleiner Vorplatz (ehemals unmittelbar neben der Garnisonkirche), den der Kopfbau des 1945 abgebrannten Exerzierhauses begrenzt. Vorbild war die von Andrea Palladio erbaute Loggia im Garten Valmarana in Vicenza.

BRANDENBURGER TOR
PORTA DI BRANDEBURGO

18 / Carillon della Chiesa della Guarnigione

Dietro la Chiesa della Guarnigione (costruita nel 1732 da Philipp Gerlach, bruciata nel 1945 e fatta saltare in aria nel 1968), la cui ricostruzione è in programma, si estendeva l'orginaria *plantage* circondata su due lati dal canale della città, alla maniera di una *gracht* olandese. Qui si trova una copia del *carillon* della Chiesa della Guarnigione. Tranne che nelle ore centrali della giornata e in quelle notturne, il *carillon* rintocca ogni quarto d'ora; poi, alla mezzora, suona la famosa melodia ›Sii sempre fedele e onesto‹.

19 / Porta di Brandeburgo · *Gontard, Unger*

La Brandenburger Straße finisce ad ovest della Porta di Brandeburgo, che rieccheggia un arco di trionfo romano. Il lato della porta rivolto verso la città, quello più semplice, è stato progettato da Carl von Gontard, l'altro, rivolto verso la campagna di allora, con colonne corinzie accoppiate, è invece di Georg Christian Unger. Qui si estendevano le mura doganali barocche; la LUISENPLATZ, dunque, si trovava già fuori delle mura.

20 / Caserma del reggimento degli ulani · *Hampel, Stüler, Hesse*

L'edificio che un tempo fu la caserma del reggimento degli ulani, costruito nella zona sud della piazza da Carl Hampel tra il 1833 ed il 1836, evidenzia il linguaggio lineare del periodo di Schinkel. La merlatura, richiesta da Federico Guglielmo IV ed eseguita, nel 1846, da Ludwig Ferdinand Hesse sulla base di un disegno di August Stüler, conferiva all'edificio l'aspetto di una fortezza.

21 / Casa del capo delle scuderie · *Persius*

A destra della caserma, Ludwig Persius costruì, nel 1844, per Brandt, capo delle scuderie, un'abitazione dalle forme architettoniche fiorentine. Del piano soppalcato, un tempo aperto per mezzo di una galleria ad archi a tutto sesto su basse colonne, si vede però ben poco, poiché, durante una trasformazione successiva, vi vennero aggiunte delle finestre.

GLOCKENSPIEL
CARRILLON DELLA CHIESA
DELLA GUARNIGIONE

HAUS DES STALLMEISTERS
CASA DEL CAPO
DELLE SCUDERIE

18 / Glockenspiel der Garnisonkirche

Hinter der Garnisonkirche (1732 von Philipp Gerlach erbaut, 1945 ausgebrannt, 1968 gesprengt), deren Wiederaufbau in Aussicht steht, erstreckte sich die ehemalige Plantage, an zwei Seiten vom Stadtkanal in der Art einer holländischen Gracht umgeben. Dort steht eine Nachbildung des Glockenspiels der Garnisonkirche. Mit Ausnahme der Mittags- und Nachtstunden erklingt es viertelstündlich, zur halben Stunde mit der berühmten Melodie ›Üb' immer Treu' und Redlichkeit‹.

19 / Brandenburger Tor · *Gontard, Unger*

Die Brandenburger Straße endet westlich am Brandenburger Tor, das einen römischen Triumphbogen zitiert.
Die schlichtere Stadtseite entwarf Carl von Gontard, die Feldseite mit gekuppelten korinthischen Säulen hingegen Georg Christian Unger. Hier verlief die barocke Akzisemauer. Der heutige Luisenplatz lag also schon außerhalb der Stadt.

20 / Garde-Ulanen-Kaserne · *Hampel, Stüler, Hesse*

Die 1833 bis 1836 von Carl Hampel an der südlichen Platzfront erbaute ehemalige Garde-Ulanen-Kaserne zeigt die klare Formensprache der Schinkelzeit.
Die von Friedrich Wilhelm IV. gewünschte, 1846 durch Ludwig Ferdinand Hesse nach einem Entwurf von August Stüler ausgeführte Zinnenbekrönung verlieh dem Bauwerk einen wehrhaften Charakter.

21 / Haus des Stallmeisters · *Persius*

Rechts neben der Kaserne errichtete Ludwig Persius 1844 das Haus des Stallmeisters Brandt in florentinischen Architekturformen.
Von der einst offenen Dachetage mit Rundbogen-Zwerggalerie sind allerdings nur noch Reste zu erkennen, da während eines späteren Umbaus hier Fenster eingefügt wurden.

GARNISONKIRCHE
CHIESA DELLA GUARNIGIONE
(ZERSTÖRT / DISTRUTTA)

22 / Ospedale di S. Giuseppe · *Petzholtz*

Venendo dalla Luisenplatz si arriva nell'Allee nach Sanssouci, in fondo alla quale si trova, sulla sinistra, l'ospedale di S. Giuseppe. Il campanile a vela, innalzato sulla cappella cattolica da Ernst Petzholtz nel 1876, ricorda le chiese italiane di campagna.

23 / Casa del gabinetto civile · *Persius*

Ludwig Persius, nel 1842/43, trasformò una semplice costruzione barocca nella Casa del gabinetto civile. Questa casa, di proprietà del consigliere di gabinetto Müller, si trova appena prima del Grünes Gitter e presenta una facciata simmetrica (l'elemento aggettante a sinistra sta sullo stesso asse del viale dei castagni del parco); ad essa si oppone, nella parte rivolta verso il cortile, un pittoresco gruppo di edifici. La costruzione presenta un elemento tipico delle ville italiane: un belvedere, che proprio in quel periodo divenne addirittura il modello ideale delle ville di Potsdam. Sotto il belvedere si trovava originariamente una loggia aperta.

ST. JOSEPHSKRANKENHAUS
OSPEDALE DI S. GIUSEPPE

24 / Chiesa della Pace · *Persius*

Sulla stessa linea visiva della casa del gabinetto civile venne costruito, dal 1845 al 1854, seguendo le idee ed i disegni di Federico Guglielmo IV, il complesso degli edifici della Chiesa della Pace. L'impianto si presenta come un monastero italiano, ma le costruzioni raggruppate intorno ai porticati e ad un atrio, accanto alla chiesa, vennero concepite come casa parrocchiale, scuola e casa degli ospiti. Per accrescere la suggestione della costruzione, si fece in modo che l'abside e la parte settentrionale della chiesa si rispecchiassero nello Stagno della pace creato artificialmente da Lenné. Al centro dell'atrio si trova una fontana rituale che serve da piedistallo per la statua, di dimensioni superiori al naturale, raffigurante il Cristo, eseguita sulla base dei disegni di Bertel Thorvaldsen. A sud, accanto all'atrio, si estende un porticato intorno ad un camposanto; di fronte alla Brunnenkappelle (*tonsorium*) venne inserito, ai piedi della torre, come parte del complesso monastico, un Muro di tiro per Federico Guglielmo I. Una volta esso veniva utilizzato, nel tempo libero, dal ›re soldato‹ per il suo divertimento e si trovava al centro del Giardino Marly, all'epoca non ancora giardino delle meraviglie, ma semplice orto. Il Campanile si ispira a quello della chiesa romana di S. Maria in Cosmedin. Ma, grazie alla riduzione dei profili dei cornicioni fra i sette piani e all'aumento dell'altezza a 42 metri, esso sembra essere ancora più slanciato dell'originale. L'interno della chiesa, basato sull'esempio della chiesa superiore di S. Clemente a Roma, venne invece fortemente trasformato e rappresenta perciò – così come del resto l'intero complesso di edifici – un'opera artistica individuale dell'architetto Ludwig Persius, che peraltro morì poco dopo la posa della prima pietra.

22 / St. Josephskrankenhaus · *Petzholtz*

Vom LUISENPLATZ aus gelangt man nun in die Allee nach Sanssouci, an deren Ende links das Gelände des St. Josephskrankenhauses liegt. Der Glockengiebel über der 1876 von Ernst Petzholtz errichteten katholischen Kapelle erinnert an italienische Dorfkirchen.

23 / Zivilkabinettshaus · *Persius*

Aus einem schlichten Barockhaus schuf Ludwig Persius 1842/43 das Zivilkabinettshaus.

Dieses Haus des Kabinettsrats Müller vor dem GRÜNEN GITTER besitzt eine symmetrische Straßenfassade (linker Risalit in Achsenbeziehung zur Kastanien-Allee), der die malerische asymmetrische Gruppierung der Hofseite gegenübersteht.

Als typisches Element italienischer Villen ist ein Belvedereturm platziert, der sich in jener Zeit geradezu zum Markenzeichen Potsdamer Villen entwickelte. Unter dem Turm befand sich ursprünglich eine offene Loggia.

ZIVILKABINETTSHAUS
CASA DEL GABINETTO CIVILE

24 / Friedenskirche · *Persius*

Optisch auf das Zivilkabinettshaus bezugnehmend, entstand 1845 bis 1854 nach Ideenskizzen Friedrich Wilhelms IV. das Gebäudeensemble der Friedenskirche. Die Anlage präsentiert sich als italienisches Kloster, doch die um Kreuzgänge und ATRIUM gruppierten Bauten neben dem Gotteshaus wurden als Pfarr-, Schul- und Gästehaus konzipiert.

Um die malerische Wirkung noch zu steigern, spiegeln sich Apsis und Nordseite der Kirche in dem von Peter Joseph Lenné künstlich angelegten FRIEDENSTEICH. Inmitten des Atriums befindet sich ein ritueller Brunnen, der als Sockel für die überlebensgroße CHRISTUSSTATUE nach Bertel Thorvaldsen dient.

Südlich neben dem Atrium verläuft ein Kreuzgang um einen ›Camposanto‹, und gegenüber der BRUNNENKAPELLE (*Tonsorium*) wurde die SCHIESSMAUER Friedrich Wilhelms I. am Fuße des Turmes in das Ensemble einbezogen. Sie diente einst dem Freizeitvergnügen des ›Soldatenkönigs‹ und stand mitten im MARLYGARTEN, der kein prachtvoller Zier-, sondern ein Küchengarten war.

Der GLOCKENTURM zitiert den Campanile der römischen Kirche S. Maria in Cosmedin, durch Reduzierung der Gesimsprofile zwischen den sieben Geschossen und Höhenstreckung auf 42 Meter wirkt er noch filigraner als sein Original. Dagegen wurde das römische Vorbild für den Kirchenraum, die Oberkirche S. Clemente in Rom, stark abgewandelt und stellt somit – wie das gesamte Bauensemble – eine individuelle künstlerische Leistung des Architekten Ludwig Persius dar, der jedoch kurz nach der Grundsteinlegung starb.

ATRIUM

EINGANG GRÜNES GITTER
L'INGRESSO DEL PARCO

Seguendo lo spirito del suo progetto, ma con la modifica di alcuni dettagli voluti da Federico Guglielmo IV, i lavori furono ultimati da August Stüler, Ludwig Ferdinand Hesse e Ferdinand von Arnim. L'interno della BASILICA COLONNATA, semplice ma di grande effetto grazie ai materiali preziosi impiegati (marmi policromi; il ciborio dell'altare adornato con colonne di diaspro siberiano) custodisce un autentico gioiello italiano degli inizi del XIII secolo. Non si tratta di una copia, né di un rifacimento romantico.

L'opera in questione è un mosaico che nel 1834 fu acquistato all'asta, per il principe ereditario, tra i pezzi della chiesa di S. Cipriano sull'isola di Murano (Venezia), destinata ad essere demolita. Il mosaico venne smotato in singoli pezzi e, entro il 1848, rimontato nell'abside della Chiesa della Pace. Sul matroneo occidentale si trova, dietro un prospetto dorato eretto nel 1847, l'organo sinfonico costruito nel 2004 da Gerald Woehl di Marburg, nel cui centro appare la rosetta del frontone occidentale. La Chiesa della Pace, nello stesso tempo chiesa di corte e chiesa parrocchiale, divenne l'ultima dimora di Federico Guglielmo IV e della consorte Elisabetta, originaria della Baviera.

Dal 1863 il muro occidentale del chiostro comprende, come elemento stilistico estraneo, il PORTALE DI HEILSBRONN. La copia rossiccia di terracotta venne eretta qui dopo la morte del re, contrariamente a quanto da lui esplicitamente richiesto. Il portale originale di un refettorio del XII secolo del monastero di Heilsbronn, uno dei luoghi di sepoltura degli Hohenzollern, venne invece trasferito, nel 1884, nel Museo Germanico Nazionale di Norimberga, dove però andò distrutto durante la seconda guerra mondiale.

In seinem Sinne, doch im Detail nach Wünschen Friedrich Wilhelms IV. modifiziert, führten August Stüler und Ferdinand von Arnim die Arbeiten gemeinschaftlich zu Ende.

Der schlichte und doch durch wertvolle Materialien (verschiedenfarbiger Marmor; Altarziborium mit Säulen aus sibirischem Jaspis) wirkungsvolle Innenraum der dreischiffigen Säulenbasilika birgt eine italienische Kostbarkeit – nicht Kopie, nicht romantische Nachempfindung, sondern ein Original aus dem frühen 13. Jahrhundert! Es ist ein Mosaik, das 1834 für den damaligen Kronprinzen aus der zum Abbruch bestimmten Kirche S. Cipriano auf Murano (Venedig) ersteigert, in Einzelteile zerlegt und bis 1848 in der Apsis der Friedenskirche angebracht wurde.

Auf der Westempore befindet sich hinter dem 1847 erbauten vergoldeten Prospekt die 2004 von Gerald Woehl aus Marburg errichtete symphonische Orgel, in deren Mitte die Fensterrose des Westgiebels sichtbar wird.

Die FRIEDENSKIRCHE, Hof- und Gemeindekirche zugleich, wurde auch zur Ruhestätte des ›Romantikers auf dem Thron‹ und seiner aus Bayern stammenden Gemahlin Elisabeth.

Die westliche ›Klostermauer‹ birgt seit 1863 als stilistischen Fremdkörper das HEILSBRONNER PORTAL.

Die rötliche Terrakotta-Kopie wurde nach dem Tode des Königs entgegen dessen ausdrücklichem Wunsch hier aufgestellt.

Das Original-Refektoriumsportal aus dem 12. Jahrhundert vom Kloster Heilsbronn, einer Hohenzollern-Grablege, kam 1884 ins Germanische Nationalmuseum Nürnberg, wurde dort jedoch im Zweiten Weltkrieg zerstört.

FRIEDENSKIRCHE
CHIESA DELLA PACE

FRIEDENSKIRCHE
CHIESA DELLA PACE

MAUSOLEUM
MAUSOLEO

25 / MAUSOLEO · *Raschdorff*

Nel 1890, Julius Carl Raschdorff, l'architetto del Duomo di Berlino, aggiunse un mausoleo a nord dell'atrio. Costruito sull'esempio della Heiligengrabeskirche a Innichen nell'Alto Adige (San Candido), fondata nel 1653, esso venne creato a mo' di cupola emisferica (l'originale è poligonale).

La volta è decorata da mosaici eseguiti da artisti veneziani. Qui giacciono Federico III, l'imperatore ›dei 99 giorni‹, la sua consorte inglese Vittoria e due dei loro figli. I sarcofagi, in marmo bianco, sono opera di Reinhold Begas. Dal 1991 è collocato, davanti agli scalini dell'altare, anche il sarcofago del ›re soldato‹, Federico Guglielmo I.

Sull'altare si trova una Pietà di Ernst Rietschel che, contrariamente all'iconografia cattolica tradizionale, raffigura la Madonna inginocchiata accanto alla salma di Cristo.

26 / PORTALE DI CRISTO · *Hesse*

Il piccolo portale del Redentore o di Cristo prende nome da un dipinto posto sul lato rivolto verso il parco, che raffigura, appunto, il volto di Cristo. Grazie ad una tecnica particolare, il pittore, August von Kloeber, ha impresso a fuoco i colori su una tavoletta di lava.

Il lato rivolto verso la Chiesa della Pace è decorato con una ›croce miracolosa‹ veneziana del VI secolo. Questo portale era una volta riservato ad essere attraversato dalla coppia reale, Federico Guglielmo IV ed Elisabetta, quando si recava in chiesa venendo dal castello di Sanssouci.

CHRISTUSPFORTE
PORTALE DI CRISTO

A QUESTO PUNTO *si potrebbe abbandonare l'itinerario ›al centro della città‹ per fare un ampio* GIRO DEL PARCO. *Chi volesse rimanere all'interno del Parco di Sanssouci dovrebbe rivolgersi a sud verso l'ingresso del parco* GRÜNES GITTER *e da lì seguire il percorso segnalato sul testo da lettere maiuscole (a partire dalla pagina 56 di questo opuscolo). Chi, al contrario, volesse continuare a visitare la città, dovrebbe passare dalla* FRIEDENSKIRCHE, *attraversando il* GIARDINO DELLA PACE *in direzione est, fino al* PORTALE DEI TRE RE.

ATRIUM / MAUSOLEUM

25 / Mausoleum · *Raschdorff*

Julius Carl Raschdorff, Erbauer des Berliner Doms, fügte 1890 nördlich des Atriums ein Mausoleum hinzu. In Anlehnung an die 1653 gestiftete Heiligengrabeskirche zu Innichen in Südtirol (italienisch: San Candido) wurde es als kreisrunder Kuppelbau (Vorbild polygonal) gestaltet.

Die Wölbung wird von Mosaiken venezianischer Künstler geschmückt. Hier ruhen der ›99-Tage-Kaiser‹ Friedrich III., dessen englische Gemahlin Victoria und zwei ihrer Kinder. Die Sarkophage schuf Reinhold Begas aus weißem Marmor. Seit 1991 ist vor den Altarstufen auch der Sarkophag des ›Soldatenkönigs‹ Friedrich Wilhelm I. aufgestellt.

Auf dem Altar befindet sich eine Pietà von Ernst Rietschel. Im Gegensatz zur traditionellen katholischen Darstellungsweise kniet Maria neben dem Leichnam Christi.

26 / Christuspforte · *Hesse*

Die kleine Erlöser- oder Christuspforte hat ihren Namen von einem Christuskopf-Gemälde an der dem Park zugewandten Seite. Mit einer besonderen Technik hat der Maler August von Kloeber die Farben in eine Lavatafel eingebrannt.

Die Seite zur Friedenskirche schmückt ein venezianisches Gnadenkreuz aus dem 6. Jahrhundert. Diese von Ludwig Ferdinand Hesse erbaute Pforte war ursprünglich nur dem Kirchgang des von Schloss Sanssouci kommenden Königspaares Friedrich Wilhelm IV. und Elisabeth vorbehalten.

Hier nun *besteht die Möglichkeit, die ›innerstädtische‹ Besichtigungsroute zu verlassen und einen ausgedehnten* PARKRUNDGANG *zu unternehmen. Wer im* Park von Sanssouci *bleiben möchte, geht nach Süden zum Parkeingang* Grünes Gitter *und kann von dort der mit Buchstaben gekennzeichneten Führungsroute (ab Seite 57 dieses Heftes) folgen. Wer jedoch gern weiter die Stadt besichtigen möchte, gelangt von der* Friedenskirche *über den* Friedensgarten *nach Osten zum* Dreikönigstor.

CHRISTUSKOPF-GEMÄLDE
PORTALE DI CRISTO, DIPINTO

GIRO DELLA CITTÀ

VILLA TIECK

27 / Portale dei tre re · *Hesse*

Nel 1851, Ludwig Ferdinand Hesse eresse il Portale dei tre re come entrata rappresentativa al Giardino della Pace. Da qui si apre una veduta estremamente pittoresca sulla parte orientale della Chiesa della Pace. Nelle nicchie ad arco a tutto sesto si trovavano le sculture dei re Salomone, Davide e Carlo Magno, modellate da Gustav Bläser (attualmente sostituite con copie in arenaria).

28 / Villa Arnim · *Arnim*

Girando lo sguardo a sinistra sul lato opposto della strada, si vede, di fronte all'obelisco, la Villa Arnim, costruita nel 1860. L'architetto Ferdinand von Arnim era allora uno stretto collaboratore di Persius, e proprio qui, pochi metri a nord della di lui villa (distrutta nel 1945, ma di cui si prevede la ricostruzione), egli costruì la sua casa decorata secondo il linguaggio formale del primo Rinascimento italiano, con bassorilievi in stucco ed uno *stibadium* nel giardino davanti alla casa.

29 / Villa Tieck · *Persius*

La casa Wittmeyer, costruita nel 1773, venne acquistata dal re assieme al suo grande fondo terriero, oggi Giardino della Pace. Nel 1843, essa venne trasformata nella Villa Tieck da Ludwig Persius, alla maniera di una casa italiana di campagna, con una grande loggia sul timpano nord ed una edicola sull'entrata centrale (attualmente manca l'architettura delle cornici). La scultura ›Poesia‹ creata da Christian Friedrich Tieck ricorda che una volta essa fu residenza di suo fratello, il poeta Ludwig Tieck. La casa, dal 1874 istituzione ecclesiastica per l'infanzia ›Elisabethhaus‹, è oggi un asilo-nido della comunità della pace e porta il nome di ›Casa della pace‹.

VILLA ARNIM

30 / Casa Borgmann, Hegelallee 28 · *Hesse*

Nel 1855 il giardiniere Carl Eduard Borgmann, completamente indigente, ricevette in regalo da Federico Guglielmo IV la casa (oggi modificata) disegnata da Hesse. Questa si trovava direttamente accanto alla Villa Persius, in cui abitò l'architetto (Hegelallee 29), costruita nel 1835/36 e distrutta nel 1945. Sin dall'ampliamento da parte di Hesse nel 1854 essa venne abitata dal conte Keller. La brutta catapecchia in travatura a traliccio del giardiniere non era tollerabile per il conte e venne sostituita da una casa italianizzante.

DREIKÖNIGSTOR
PORTALE DEI TRE RE

27 / DREIKÖNIGSTOR · *Hesse*
Ludwig Ferdinand Hesse errichtete 1851 das Dreikönigstor als repräsentativen Eingang zum FRIEDENSGARTEN. Von hier eröffnet sich ein überaus malerischer Blick zur Ostpartie der FRIEDENSKIRCHE. In den Rundbogennischen stehen die Skulpturen der Könige Salomo, David und Karl der Große, modelliert von Gustav Bläser (heute stehen hier Sandsteinkopien).

28 / VILLA ARNIM · *Arnim*
Wendet man den Blick nach links auf die gegenüberliegende Straßenseite, so ist – dem Obelisken gegenüber – die 1860 erbaute Villa Arnim zu sehen. Der Architekt Ferdinand von Arnim war einst enger Mitarbeiter von Friedrich Ludwig Persius und errichtete sich hier, wenige Meter nördlich von dessen Villa (1945 zerstört, Wiederaufbau geplant) sein eigenes Wohnhaus in der Formensprache der italienischen Frührenaissance mit Stuckreliefs und einem Stibadium im Vorgarten.

29 / VILLA TIECK · *Persius*
Das 1773 erbaute Wittmeyersche Haus wurde vom König zusammen mit dem grossen Grundstück, dem heutigen FRIEDENSGARTEN, angekauft. 1843 gestaltete es Friedrich Ludwig Persius in der Art eines italienischen Landhauses mit großer Loggia am Nordgiebel und Ädikula über dem Mitteleingang (die Architekturrahmung fehlt zur Zeit) zur Villa Tieck um. Die von Christian Friedrich Tieck geschaffene Skulptur ›Poesie‹ erinnert daran, dass sein Bruder, der Dichter Ludwig Tieck, hier wohnte. Das Gebäude, seit 1874 die kirchliche Kindereinrichtung ›Elisabethhaus‹, trägt heute als Kindertagesstätte der Friedenskirchengemeinde den Namen ›Friedenshaus‹.

30 / HAUS BORGMANN, HEGELALLEE 28 · *Hesse*
Der völlig mittellose Gärtner Carl Eduard Borgmann erhielt das von Ludwig Ferdinand Hesse entworfene Wohnhaus (heute verändert) 1855 von Friedrich Wilhelm IV. zum Geschenk. Es befand sich unmittelbar neben der Villa Persius, 1835/36 erbautes und kriegszerstörtes Wohnhaus des Architekten (Hegelallee 29), seit Erweiterung durch Ludwig Ferdinand Hesse 1854 vom Hofmarschall Graf Keller bewohnt. Weil dem Grafen die hässliche Fachwerkkate nicht zuzumuten war, wurde sie durch ein italienisierendes Haus ersetzt.

JÄGERTOR
PORTA DEL CACCIATORE

31 / Porta del cacciatore · *Hesse*

La Porta del cacciatore, eretta nel 1733 all'incrocio con la Jägerallee, è la più antica porta che la città conservi. Nell'area d'angolo, ad angoli smussati, sita immediatamente fuori della città, Ludwig Ferdinand Hesse progettò una casa a due affacci simmetrici, con due piani e un mezzanino. Attualmente essa ospita l'albergo Jägerhotel.

La decorazione dell'edificio sottolinea il piano superiore come piano nobile. La struttura, compatta e un po' austera, rende evidente che, in questo caso, non ci si trova più di fronte ad una pittoresca ›villa di città‹, ma ad una semplice abitazione cittadina. L'articolazione dell'architettura di Hesse è ancora oggi visibile. Ma il complesso di edifici, utilizzato per molto tempo come albergo, ha subito forti rimaneggiamenti a causa di numerosi lavori di trasformazione e d'ampliamento. Ambedue le facciate sono state allungate di alcuni moduli. Negli scorsi anni è stato aggiunto un avancorpo alto un piano, e la soffitta è stata modificata aggiungendovi numerosi abbaini.

VILLA VON HACKE

32 / Villa von Hacke · *Arnim*

L'antica villa von Hacke, nella Jägerallee n° 1, è stata costruita nel 1847 da Ferdinand von Arnim in forme fiorentine, conseguendo un insieme di grande effetto e con parti aggettanti.

Una torre angolare, di forma poligonale, è circondata al pianterreno da una pergola. Al primo piano si trova una loggia, originariamente percorribile.

33 / Tribunale · *Herrmann*

L'antico Tribunale nella Hegelallee n° 8 è stato eretto tra il 1880 ed il 1883, sulla base del progetto di Heinrich Herrmann. Fregi colorati di Villeroy & Boch circondano la decorazione ad anello, ornata con busti di membri della famiglia Hohenzollern.

Durante il periodo in cui l'edificio fu usato dalla polizia segreta della DDR, le sculture di Federico II e Guglielmo I furono eliminate, ma ora sono ritornate al loro posto. L'entrata ha un rappresentativo vano scala, che ricorda le prospettive dei palazzi genovesi.

31 / JÄGERTOR · *Hesse*

LANDGERICHT
TRIBUNALE

Das 1733 an der Einmündung der Jägerallee errichtete Jägertor ist das älteste erhaltene Stadttor Potsdams. Für das stadtauswärts gelegene stumpfwinklige Eckgrundstück entwarf Ludwig Ferdinand Hesse ein nahezu axialsymmetrisches Haus mit zwei Vollgeschossen und einem Mezzanin – das heutige JÄGERHOTEL.

Der Schmuck des Hauses hebt das erste Obergeschoß als Beletage hervor. Die etwas strenge, kompakte Gestalt verdeutlicht: Hier handelt es sich nicht mehr um eine malerische Stadtvilla, sondern um ein städtisches Wohnhaus. Die Architekturgliederung Hesses ist noch heute erkennbar.

Doch der bereits über lange Zeit als Hotel genutzte Baukubus erfuhr durch mehrfache Um- und Erweiterungsbauten starke Veränderungen. Beide Straßenfronten wurden um mehrere Achsen verlängert.

In den vergangenen Jahren wurde ein eingeschossiger Vorbau hinzugefügt und das Dachgeschoss mittels zahlreicher stehender Gaupen ausgebaut.

32 / VILLA VON HACKE · *Arnim*

Die ehemalige Villa von Hacke in der Jägerallee Nr. 1 wurde 1847 durch Ferdinand von Arnim nach florentinischen Vorbildern wirkungsvoll mit hervortretenden Bauteilen gestaltet.

Ein turmartiges Eckpolygon ist im Parterre von einer Pergola umgeben, im Obergeschoss befindet sich eine ursprünglich offene Loggia.

33 / LANDGERICHT · *Herrmann*

Das ehemalige Landgericht in der Hegelallee Nr. 8 wurde 1880 bis 1883 nach dem Entwurf von Heinrich Herrmann errichtet. Farbige Friese von Villeroy & Boch umgeben den mit Hohenzollernbüsten geschmückten Gurtfries. Die Skulpturen Friedrichs II. und Wilhelms I. waren während der Nutzung des Gebäudes durch die Staatssicherheit der DDR entfernt worden und befinden sich nun wieder an ihrem angestammten Platz. Der Eingangsbereich erhielt ein repräsentatives Treppenhaus, welches an die Perspektiven Genuesischer Palastanlagen anklingt.

HAUS DES HOFGÄRTNERS
CASA DEL GIARDINIERE
DI CORTE

34 / Villa nella Hegelallee n° 5

Intorno al 1860 sorse la villa italianizzante nella Hegelallee n° 5; essa possiede un belvedere sul cui tetto si innalza una cupola.

35 / Villa Quistorp · *Petzholtz*

La Villa Quistorp, elegante e raffinata, è stata creata nel 1872 da Ernst Petzholtz e sorge ad angolo presso la Porta di Nauen; la pianta si presenta ad angoli smussati e simmetrici. Essa è abbellita con decorazioni ispirate al Rinascimento italiano; ed il belvedere a sinistra, con cariatidi aggiunte, le conferisce un aspetto particolarmente attraente.

36 / Casa del giardiniere di corte · *Hesse*

Per l'architetto paesaggista Martin Ludwig Heydert, Ludwig Ferdinand Hesse eresse nella Friedrich-Ebert-Straße 83, nel 1845, la cosiddetta Casa del giardiniere di corte, la quale si presenta con l'aspetto delle tipiche e semplici ville asimmetriche. L'ultimo proprietario ne fu il commerciante di oggetti d'arte Thiemann, dall'eredità del quale derivano le numerose sculture che si trovano ancora oggi nel giardino.

37 / Palais am Stadthaus · *Persius jun.*

Un po' più a nord, di fronte all'attuale Municipio – costruito tra il 1902 e il 1907 da Paul Kieschke in stile neobarocco come sede del governo della regione del Brandeburgo – attira l'attenzione, nella Friedrich-Ebert-Straße 37, una villa italianizzante estremamente elegante, creata da Reinhold Persius nel 1874. Dal suo belvedere, un tempo, si poteva apprezzare una vista panoramica meravigliosa giacché il palazzo si ergeva completamente isolato; finché, nel tardo Ottocento, venne circondato da alte case d'affitto.

38 / Villa Arndt · *Hesse*

La facciata principale della villa del cameriere reale Johann Maximilian Arndt costruita nel 1861 su disegno di Hesse (Friedrich-Ebert-Straße 63), viene sottolineata da una loggia retta da colonne fra due elementi aggettanti. Davanti ad essa si trova un'esedra.

VILLA QUISTORP

34 / Villa Hegelallee Nr. 5

Um 1860 entstand die italienisierende Villa Hegelallee Nr. 5 mit einem überkuppelten Belvedere, welches aus dem Dach erwächst.

35 / Villa Quistorp · *Petzholtz*

Als elegante Villa gestaltete Ernst Petzholtz 1872 die Villa Quistorp, das Eckhaus am *Nauener Tor*. Über stumpfwinkligem, ecksymmetrischem Grundriss errichtet und mit italienischem Renaissance-Dekor versehen, wirkt das Gebäude besonders reizvoll durch das links angefügte Belvedere mit Karyatiden.

36 / Haus des Hofgärtners · *Hesse*

In schlichter asymmetrischer Villenform gestaltete Ludwig Ferdinand Hesse 1845 das Hofgärtnerhaus des Kunstgärtners Martin Ludwig Heydert in der Friedrich-Ebert-Straße 83. Zuletzt befand es sich im Besitz des Kunsthändlers Thiemann, aus dessen Nachlass die zahlreichen Skulpturen im Garten stammen.

37 / Palais am Stadthaus · *Persius jun.*

Etwas weiter nördlich, gegenüber dem 1902 bis 1907 von Paul Kieschke in neubarockem Stil als Sitz der Brandenburgischen Landesregierung erbauten Stadthaus (dem jetzigen Rathaus) fällt in der Friedrich-Ebert-Straße 37 eine höchst elegante italienisierende Villa auf, die Reinhold Persius 1874 schuf.

Von ihrem Belvedereturm bot sich einst ein herrlicher Rundblick, denn das Haus stand völlig frei, bis es im späten 19. Jahrhundert von hohen Mietshäusern umgeben wurde.

38 / Villa Arndt · *Hesse*

Die Hauptfront der 1861 nach einem Entwurf Ludwig Ferdinand Hesse erbauten Villa des Königlichen Kammerdieners Johann Maximilian Arndt (Friedrich-Ebert-Straße 63) ist durch eine säulengetragene Loggia zwischen zwei Risaliten betont. Davor liegt eine Exedra.

VILLA PICHOWSKY

39 / VILLA PICHOWSKY, REITERWEG 3 · *Hesse*

La villa con un belvedere nella Reiterweg 3, eretta nel 1850 da Hesse per il capocuoco reale Johann Pichowsky, venne trasformata ed ampliata nel 1894 nello stile del periodo della rivoluzione industriale tedesca e, tra il 2005 ed il 2007, fu ancora una volta ampliata, nello stesso stile.

40 / VILLA TIEDKE, REITERWEG 1 · *Persius*

Il corpo della villa del cameriere reale Ernst Tiedke era simile ad un dado e provvisto di un tetto ad impluvium che faceva scorrere l'acqua verso l'interno. L'edificio venne costruito da Persius tra il 1843 ed il 1845 in forma simile alla propria casa andata distrutta durante la guerra, qui però con finestre ad arco rotondo ed un belvedere

41 / VILLA JACOBS · *Persius*

Situata in posizione pittoresca in un'area simile ad un parco, sopra la riva scoscesa del Lago Jungfernsee, dal 2008 si erge di nuovo una delle più belle ville con belvedere ideata da Persius. Costruita nel 1835 – 1837 per l'uomo più ricco di Potsdam, il fabbricante di zucchero Jacobs, nel 1886 la villa era passata in proprietà degli Hohenzollern. Sequestrata dall'Armata rossa nel 1945 e utilizzata come scuola materna, la villa bruciò nel 1981 e venne demolita completamente, tranne il modesto zoccolo del belvedere. L'architetto Stefan Ludes l'ha ricostruita per sé, rimanendo fedele all'originale.

42 / CASA RESIDENZIALE KOCH · *Hesse*

La casa in cui abitò lo scultore di corte Friedrich Wilhelm Koch nella Jägerallee 28 fu costruita nel 1847 da Hesse e in seguito più volte ampliata e trasformata. L'edificio ampliato nella Weinbergstraße ha in alto un bassorilievo di Koch che rappresenta Federico Guglielmo IV quale protettore delle arti. Nella Jägerallee le finestre sono munite di teste che fanno da chiave di volta e mostrano fra l'altro il ritratto di Bismarck. Vale la pena osservarle bene perché sono incoronate da serpenti e canne di cannone. Lo scultore Friedrich Wilhelm Koch odiava Bismarck perché suo figlio era morto nella guerra del 1870/71.

VILLA TIEDKE

39 / Villa Pichowsky, Reiterweg 3 · *Hesse*
Die 1850 von Ludwig Ferdinand Hesse für den Königlichen Küchenmeister Johann Pichowsky erbaute Turmvilla (Reiterweg 3) wurde 1894 gründerzeitlich überformt und erweitert und in diesem Stil 2005 bis 2007 nochmals vergrößert.

40 / Villa Tiedke, Reiterweg 1 · *Persius*
Der mit einem nach innen entwässernden Impluviumdach versehene würfelähnliche Baukörper der Villa des Königlichen Kammerdieners Ernst Tiedke wurde von Ludwig Persius 1843 bis 1845 in ähnlicher Form wie sein eigenes Wohnhaus (kriegszerstört) erbaut, hier jedoch mit Rundbogenfenstern und einem Turm versehen.

41 / Villa Jacobs · *Persius*
Malerisch an steilem Uferhang gelegen, ragt seit 2008 wieder eine der schönsten Turmvillen, die Ludwig Persius je ersonnen hat, aus dem parkähnlichen Gelände am Jungfernsee empor. 1835 bis 1837 für den reichsten Mann Potsdams, den Zuckerfabrikanten Jacobs erbaut, war die Villa 1886 in den Besitz der Hohenzollern übergegangen. 1945 von der Roten Armee beschlagnahmt und als Kindergarten genutzt, war sie 1981 ausgebrannt und bis auf den kümmerlichen Sockel des Turmes abgetragen worden.
Der Architekt Stefan Ludes hat sie sich originalgetreu rekonstruiert.

42 / Wohnhaus Koch · *Hesse*
Das Wohnhaus des Hofbildhauers Friedrich Wilhelm Koch wurde 1847 von Ludwig Ferdinand Hesse in der Jägerallee 28 erbaut und später mehrfach erweitert und überformt. Der Erweiterungsbau in der Weinbergstraße zeigt hoch oben ein Relief von Koch mit der Darstellung Friedrich Wilhelms IV. als Beschützer der Künste. In der Jägerallee sind die Fenster mit Schluss-Steinköpfen versehen, die unter anderem das Porträt Bismarcks zeigen. Es lohnt sich, genauer hinzuschauen, denn sie sind von Schlangen bzw. Geschützrohren bekrönt. Bildhauer Friedrich Wilhelm Koch hasste Bismarck, weil sein Sohn im Krieg 1870/71 gefallen war.

NAUENER TOR
PORTA DI NAUEN

43 / **Porta di Nauen** · *Büring*

La Nauener Tor, con le sue due torri, è stata costruita nel 1755 dall'architetto Johann Gottfried Büring ed è il primo edificio neogotico al di fuori della Gran Bretagna. Il suo aspetto attuale è peraltro frutto delle trasformazioni apportatevi nella metà del XIX secolo.

Per visitare altre costruzioni italianizzanti, si dovrebbe proseguire dalla **Porta di Nauen** *in direzione sud, fino al* **Quartiere olandese**.

44 / **Quartiere Olandese** · *Boumann*

Il Quartiere olandese, edificato tra il 1732 ed il 1742 da Jan Boumann, fa parte del cosiddetto Secondo ampliamento barocco della città. I quattro ›quarrees‹ (prospetti) in stile olandese, costruiti in mattoni rossi, presentano ognuno un proprio linguaggio. L'unicità e la compattezza qui raggiunta non la si ritrova nemmeno in Olanda. L'individualità delle costruzioni olandesi è stata qui allineata dal senso dell'ordine prussiano. Non essendo peraltro giunti abbastanza immigrati, le case vennero abitate anche da cittadini di Potsdam. Qui risiedevano molti dei noti artisti ed artigiani che collaborarono alla costruzione dei castelli di Federico il Grande.

45 / **SS. Pietro e Paolo** · *Stüler, Salzenberg*

In fondo alla Brandenburger Straße, come ›Point de vue‹ verso est, è visibile l'imponente costruzione della chiesa cattolica dei SS. Pietro e Paolo, sede del preposito. Eretta in base a un disegno di August Stüler, tra il 1863 ed il 1870, essa costituisce l'ultimo edificio significativo della ›scuola di Berlino‹. La costruzione presenta, nella parte centrale, degli echi del romanico italiano (rosoni, logge cieche). Dopo la morte di Stüler, Wilhelm Salzenberg modificò il progetto originario. Il coro, sull'esempio della Hagia Sophia di Costantinopoli, presenta adesso tre absidi al di sotto di un grande catino absidale, ed il campanile è un libero rifacimento di quello di San Zeno a Verona: a differenza di quest'ultimo, però, esso è incorporato alla chiesa.

HÄUSER HOLLÄNDISCHES VIERTEL
CASE NEL QUARTIERE OLANDESE

43 / Nauener Tor · *Büring*

Das doppeltürmige Nauener Tor wurde vom Baumeister Johann Gottfried Büring 1755 als erstes neugotisches Bauwerk außerhalb Großbritanniens erbaut. Seine heutige Erscheinung entspricht den Überformungen um die Mitte des 19. Jahrhunderts.

Um weitere italienisch anmutende Bauten zu besichtigen, sollte man von der Stadtseite des Nauener Tores aus in südlicher Richtung am Holländischen Viertel entlanggehen.

44 / Holländisches Viertel · *Boumann*

Das Holländische Viertel, von Jan Boumann 1732 bis 1742 errichtet, gehört zur so genannten Zweiten barocken Stadterweiterung. Die vier ›Quarrees‹ holländischer Bauart aus rotem Backstein mit unterschiedlich gestalteten Straßenfluchten sind einmalig und in dieser Geschlossenheit und selbst in Holland nicht zu finden, denn das Individuelle der dortigen Bauten wurde hier durch den preußischen Ordnungssinn ›in Reih' und Glied‹ gebracht. Als nicht genügend Einwanderer kamen, wurden die Häuser auch an Einheimische vergeben. Viele namhafte Künstler und Handwerker, die an den Schlossbauten Friedrichs des Großen mitgewirkt haben, wohnten einst hier.

45 / St. Peter und Paul · *Stüler, Salzenberg*

In Höhe der Brandenburger Straße, als deren östlicher ›Point de vue‹, wird der stolze Bau der katholischen Propsteikirche St. Peter und Paul sichtbar. 1863 bis 1870 als letzter Großbau der ›Berliner Schule‹ errichtet, zeigt der Entwurf von August Stüler einen Zentralbau mit Zitaten italienischer Romanik (Radfenster, Zwerggalerien). Nach dem Tode August Stülers überarbeitete Wilhelm Salzenberg die Pläne. Der Chor wurde nun in Anlehnung an die Hagia Sophia in Konstantinopel mit drei unterhalb einer grossen Konche heraustretenden Apsiden und der Turm als Wiederholung des (dort freistehenden) Campanile von San Zeno in Verona gestaltet.

PORTAL ST. PETER UND PAUL
SS. PIETRO E PAOLO

ST. PETER UND PAUL
SS. PIETRO E PAOLO

A causa del terreno paludoso (una volta chiamato ›Bassin‹, cioè bacino), la chiesa è stata costruita su dei pozzi collegati tra loro con degli archi a sesto acuto. Le dimensioni dell'edificio, insolite per una chiesa cattolica in questa zona, dipendono dal doppio utilizzo, usuale un tempo, come chiesa parrocchiale e chiesa della guarnigione. Per questo motivo, vi sono anche due sagrestie. La decorazione della parete anteriore dell'altare maggiore raffigura una croce di ferro. Durante i grossi lavori di restauro realizzati tra il 1978 e il 1992, si è riacquistata l'atmosfera bizantina. Vi sono anche conservate alcune opere d'arte provenienti da una chiesa barocca che in precedenza sorgeva nel cortile dell'antica fabbrica di fucili (nell'attuale Henning-von-Tresckow-Straße), tra cui una Luce eterna e tre dipinti di Antoine Pesne.

46 / CHIESA FRANCESE · *Knobelsdorff, Boumann*

Anche per la Chiesa Francese è stata presa a modello un'architettura italiana. Georg Wenzeslaus von Knobelsdorff ne fornì l'idea e Jan Boumann eseguì, nel 1752/53, la piccola costruzione a cupola ovale e con l'asse maggiore trasversale, a imitazione del Pantheon di Roma. Un portico con colonne di ordine tuscanico anteposto al lato sud è decorato con sculture (allegorie della speranza e dell'amore) e bassorilievi (il pagamento della decima e la cacciata dal tempio), opera di Friedrich Christian Glume.

L'interno presentava un tempo file di banchi ascendenti a mo' di anfiteatro. Il suo aspetto attuale, con un pulpito classicistico e con il matroneo che corre intorno alle pareti laterali, risale ad una trasformazione realizzata nel 1833 con la partecipazione di Karl Friedrich Schinkel.

L'organo barocco, collocato nella chiesa nell'estate del 2000, si trovava originariamente a Spandau, poi a Bärenklau nelle vicinanze di Oranienburg. La fabbrica di organi Schuke di Potsdam l'ha restaurato conformemente all'originale. È stato realizzato nel 1783 da Johann Wilhelm Grüneberg, un costruttore di organi di Brandeburgo.

FRANZÖSISCHE KIRCHE
CHIESA FRANCESE

Wegen des sumpfigen Baugrundes (einst Bassin) ist das Bauwerk auf Brunnen mit Schwibbögen gegründet.

Die für eine katholische Kirche in dieser Gegend ungewöhnliche Größe ist bedingt durch die einstige Doppelnutzung als Pfarr- und Garnisonkirche. Deshalb gibt es auch zwei Sakristeien. Der Schmuck der Vorderwand des Hochaltars besitzt die Form eines Eisernen Kreuzes.

Während der umfassenden Restaurierung von 1978 bis 1992 wurde die stark farbige byzantinische Raumfassung zurückgewonnen.

Reiche Kunstwerke aus der einst im Hof der damaligen Gewehrfabrik (Henning-von-Tresckow-Straße) befindlichen Barockkirche, unter anderem ein Ewiges Licht und drei Gemälde von Antoine Pesne, sind übernommen worden.

46 / FRANZÖSISCHE KIRCHE · *Knobelsdorff, Boumann*

Auch die Französische Kirche hat ein italienisches Vorbild. Georg Wenzeslaus von Knobelsdorff lieferte den Entwurf. Jan Boumann führte den kleinen querovalen Flachkuppelbau im Umriss des römischen Pantheon 1752/53 aus.

Ein toskanischer Säulenportikus vor der Südseite ist mit Skulpturen (Allegorien der Hoffnung und Liebe) und Reliefs (Zinsgroschen und Tempelvertreibung) von Friedrich Christian Glume geschmückt.

Das Innere besaß einst amphitheatralisch ansteigende Bankreihen. Seine heutige Gestalt mit klassizistischer Kanzelwand und umlaufender Empore geht auf eine 1833 unter Mitwirkung Karl Friedrich Schinkels erfolgte Umgestaltung zurück.

Die im Sommer 2000 hier aufgestellte Barockorgel befand sich ursprünglich in Spandau, zuletzt (stark verkleinert) in Bärenklau bei Oranienburg. Das Instrument wurde 1783 vom Brandenburger Orgelbauer Johann Wilhelm Grüneberg erbaut.

GIRO DELLA CITTÀ

PERSIUS-SPEICHER
MAGAZZINO DI PERSIUS

*Fra pochi passi si ritornerà al punto di partenza, all'*ALTER MARKT. *Durante una simile* PASSEGGIATA ATTRAVERSO LA CITTÀ ED IL PARCO, *naturalmente, non si possono ammirare tutti i monumenti e i dettagli architettonici. Chi volesse però cercarne altri, potrebbe visitare anche le costruzioni, non previste dall'itinerario. Esse saranno descritte in seguito.*

47 / MAGAZZINO DI PERSIUS · *Persius*
Nella Zeppelinstraße, vicino alla stazione di Charlottenhof, si trova il ›Dampfmühlen-Etablissement‹, costruito da Ludwig Persius tra il 1841 ed il 1843 a imitazione di una grande roccaforte normanna. All'interno, vi trovarono posto i magazzini della Königlich-Preußische Seehandlung (una specie di istituto bancario). Oggi sono utilizzati come albergo e come sede dell'amministrazione.

48 / CASA WOYTASCH, GREGOR-MENDEL-STRASSE N° 3 · *Hesse, Haeberlin*
La villa tardo classicistica, a tre piani, con una torre asimmetrica e con ala laterale, fu progettata nel 1846–1849 da Hesse per il cameriere reale Mathäus Paul Woytasch e costruita da Heinrich Haeberlin. Si tratta di una costruzione massiccia, a superficie intonacata.

49 / CASA WENDORF, GREGOR-MENDEL-STRASSE N° 4 · *Hesse, Haeberlin*
Questa villa per il lacchè reale Christian Gottlieb Wendorf venne progettata tra il 1844 ed il 1847 da Ludwig Ferdinand Hesse ed eretta da Heinrich Haeberlin. Essa si sviluppa su due piani ed è decorata con archi a pieno sesto; presenta inoltre un belvedere ed un corpo laterale ad un solo piano. È rivestita in mattoni grezzi.

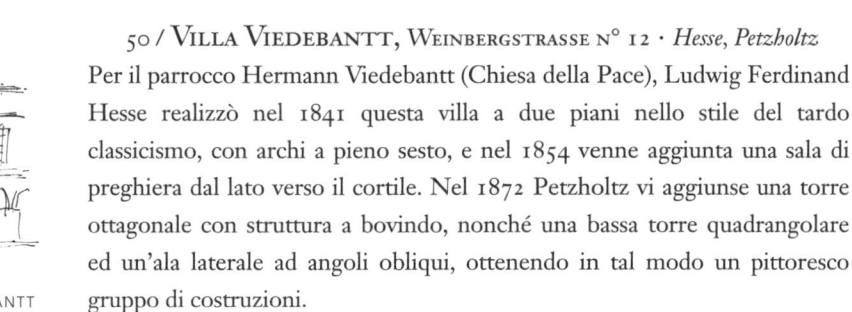

50 / VILLA VIEDEBANTT, WEINBERGSTRASSE N° 12 · *Hesse, Petzholtz*
Per il parroco Hermann Viedebantt (Chiesa della Pace), Ludwig Ferdinand Hesse realizzò nel 1841 questa villa a due piani nello stile del tardo classicismo, con archi a pieno sesto, e nel 1854 venne aggiunta una sala di preghiera dal lato verso il cortile. Nel 1872 Petzholtz vi aggiunse una torre ottagonale con struttura a bovindo, nonché una bassa torre quadrangolare ed un'ala laterale ad angoli obliqui, ottenendo in tal modo un pittoresco gruppo di costruzioni.

VILLA VIEDEBANTT

In wenigen Schritten gelangt man nun zum Ausgangspunkt, dem ALTEN MARKT, *zurück. Während dieses* STADT- ODER PARKSPAZIERGANGES *können selbstverständlich nicht alle italienischen (Architektur-) Monumente wahrgenommen werden. Wer aber Interesse hat, weitere solcher Bauzitate aufzuspüren, mag auch noch die im folgenden genannten Bauten aufsuchen, welche abseits der Wanderrouten liegen.*

PERSIUS-SPEICHER
MAGAZZINO DI PERSIUS

47 / PERSIUS-SPEICHER · *Persius*

In der Zeppelinstraße, nahe dem Bahnhof Charlottenhof, befindet sich das von Ludwig Persius 1841 bis 1843 erbaute, einer ausgedehnten normannischen Burganlage nachgestaltete ›Dampfmühlen-Etablissement‹ mit Speichergebäuden der einstigen Königlich-Preußischen Seehandlung. Heute wird es als Hotel und Behördensitz genutzt.

48 / HAUS WOYTASCH, GREGOR-MENDEL-STRASSE 3 · *Hesse, Haeberlin*

Die dreigeschossige spätklassizistische Villa mit asymmetrisch angefügtem Turm und Nebenflügel wurde 1846 bis 1849 für den Königlichen Kammerdiener Mathäus Paul Woytasch durch Ludwig Ferdinand Hesse entworfen und von Heinrich Haeberlin als massiver Putzbau errichtet.

49 / HAUS WENDORF, GREGOR-MENDEL-STRASSE 4 · *Hesse, Haeberlin*

Zweigeschossige Villa im Rundbogenstil mit Belvedereturm und eingeschossigem Seitenflügel für den Königlichen Kammerlakaien Christian Gottlieb Wendorf, 1844 bis 1847 von Ludwig Ferdinand Hesse entworfen und von Heinrich Haeberlin als Ziegelrohbau erbaut.

50 / VILLA VIEDEBANTT, WEINBERGSTRASSE 12 · *Hesse, Petzholtz*

Die zweigeschossige spätklassizistische Villa im Rundbogenstil wurde 1841 durch Ludwig Ferdinand Hesse als massiver Putzbau für Pfarrer Hermann Viedebantt (Friedenskirche) errichtet. Im Jahre 1854 wurde hofseitig ein Betsaal angefügt und 1872 durch Ernst Petzholtz unter Hinzufügung eines oktogonalen Erkerturms, eines niedrigen viereckigen Turmes und eines schiefwinklig angefügten Seitenflügels das Gebäude zu einer malerischen Baugruppe erweitert.

PFINGSTBERG-BELVEDERE
BELVEDERE
SUL PFINGSTBERG

51 / Ermitage · *Hesse*

Ludwig Fedinand Hesse realizzò nel 1856 questo pittoresco raggruppamento di costruzioni – comprendente una torre, una loggia, una scalinata ed un corpo laterale – quale libera reinterpretazione della Casa Cenci della Villa Borghese.

52 / Tempio della dea Pomona · *Schinkel*

Il tempio della dea Pomona è un'opera giovanile di Karl Friedrich Schinkel. Venne eretto, in forma di tempietto ionico, nel 1801, come padiglione nel giardino di Carl Ludwig Oesfeld, un proprietario di vigneti.
Andò in rovina e venne distrutto dal vandalismo, ma nel 1993 il tempio è stato restaurato.

53 / Belvedere sul Pfingstberg · *Persius, Stüler, Hesse*

Del castello originariamente progettato (progetto preliminare di Ludwig Persius, con rielaborazioni di August Stüler e Ludwig Ferdinand Hesse) che, con i due terrazzi collegati, avrebbe dovuto riecheggiare il Casino nel giardino della Villa Farnese a Caprarola, vennero eseguite, fra il 1848 e il 1863, solo le due torri che si rifanno alla Villa d'Este a Tivoli.
Alti muri in pietra calcarea circondano un bacino d'acqua che serve come serbatoio delle fontane nel Neuer Garten.
Trascurato e danneggiato da atti vandalici nel periodo della dittatura del SED (Partito comunista della DDR), dal 1990 è stato ristrutturato, in quanto il Belvedere sul Pfingstberg costituisce un'opera architettonica ed un punto panoramico che dà un'importante impronta al paesaggio circostante.

EINSIEDELEI
ERMITAGE

BELVEDERE, INNENHOF
BELVEDERE, CORTILE

51 / Einsiedelei · *Hesse*

Malerische Baugruppierung mit Turm, Loggia, Freitreppe und seitlich angeschobenen Baukörpern als freies Zitat der Casa Cenci della Villa Borghese, erbaut 1856 durch Ludwig Ferdinand Hesse.

52 / Pomonatempel · *Schinkel*

Der Pomonatempel ist ein Frühwerk Karl Friedrich Schinkels. In der Gestalt eines kleinen ionischen Tempels wurde er 1801 als Gartenpavillon des Weinbergbesitzers Carl Ludwig Oesfeld errichtet.
Nach Verfall und Zerstörung durch Vandalismus wurde der Tempel 1993 wiederhergestellt.

POMONATEMPEL
TEMPIO DELLA DEA POMONA

53 / Pfingstberg-Belvedere · *Persius, Stüler, Hesse*

Von der ursprünglich geplanten Schlossanlage (Vorentwurf Ludwig Persius, Überarbeitungen August Stüler und Ludwig Ferdinand Hesse) mit dem zwei Terrassen-Ebenen verbindenden Zitat der Villa Caprarola im Garten des römischen Palazzo Farnese wurde 1848 bis 1863 nur die Doppelturmanlage in Anlehnung an die Villa d'Este in Tivoli ausgeführt.
Hohe Kalksteinmauern umgeben ein Wasserbassin, welches als Reservoir für die Fontänen und Brunnen im Neuen Garten dient.
Nach Verwahrlosung und Vandalismus in der Zeit der SED-Diktatur wurde das Belvedere auf dem Pfingstberg seit 1990 als wichtiges landschaftsprägendes Bauwerk und Aussichtspunkt wiederhergestellt.

VILLA SCHÖNINGEN

54 / Villa Henckel · *Titz, Petzholtz*

Non molto lontano dal Belvedere, il banchiere Hermann Henckel si fece costruire, nel 1869, una villa con torre. Il complesso, che si presenta asimmetrico con il belvedere a tetto piano, alla maniera di Persius, fu eseguito da Ernst Petzholtz, forse sulla base di un disegno di Eduard Titz.

55 / Villa Schöningen · *Persius*

Dal lato di Potsdam del famoso Ponte di Glienicke, all'inizio della Schwanenallee in direzione del NEUER GARTEN, si trova la Villa Schöningen. Persius la costruì nel 1843/44 per Curd von Schöning, il maresciallo di corte del principe Carl, il quale abitò nel castello sull'altra sponda del fiume Havel. L'edificio, raccolto intorno alla torre, è stato danneggiato da successive trasformazioni. È stato restaurato nel 2009 e ospita oggi un museo.

56 / Chiesa del Redentore di Sacrow · *Persius*

Guardando dal parco di Glienicke si vede, dall'altro lato del fiume Havel, la Chiesa del Redentore di Sacrow, costruita da Ludwig Persius fra il 1841 ed il 1844. Essa è collocata sull'acqua in modo pittoresco, quasi come se fosse una nave all'ancora, mentre, a causa della presenza del colonnato, dà anche l'impressione di una basilica romana con campanile separato.
La chiesa è venuta a trovarsi per 40 anni nella zona vietata di confine e stava andando in rovina. Dopo la riunificazione tedesca sono cominciati i lavori di restauro, con la ricostruzione di numerosi elementi andati perduti.

VILLA HENCKEL

HEILANDSKIRCHE
CHIESA DEL REDENTORE

54 / VILLA HENCKEL · *Titz, Petzholtz*

Unweit des Belvedere ließ sich 1869 der Bankier Hermann Henckel eine Turmvilla erbauen. Wohl nach einem Entwurf von Eduard Titz führte Ernst Petzholtz das asymmetrische Ensemble mit dem nach Persius-Manier flach gedeckten Belvedereturm aus.

55 / VILLA SCHÖNINGEN · *Persius*

Auf der Potsdamer Seite der berühmten Glienicker Brücke, am Eingang der zum NEUEN GARTEN führenden Schwanenallee, steht die Villa Schöningen. Ludwig Persius errichtete sie 1843/44 für Curd von Schöning, den Hofmarschall des gegenüber, am anderen Havelufer im Schloss wohnenden Prinzen Carl. Das um einen Belvedereturm gestaffelte Haus, durch Umbauten im späten 19. Jahrhundert beeinträchtigt, wurde 2009 restauriert und beherbergt heute ein Museum.

56 / SACROWER HEILANDSKIRCHE · *Persius*

Vom Park Glienicke aus erblickt man am jenseitigen Havelufer die von Ludwig Persius 1841 bis 1844 errichtete Sacrower HEILANDSKIRCHE, die wie ein ankerndes Schiff malerisch am Wasser liegt.
Das durch einen Säulenumgang wie eine römische Basilika mit freistehendem Campanile wirkende Gotteshaus stand 40 Jahre im Grenz-Sperrgebiet und verfiel. Nach der Wiedervereinigung begann die originalgetreue Restaurierung unter Rekonstruktion zahlreicher verloren gegangener Schmuckelemente.

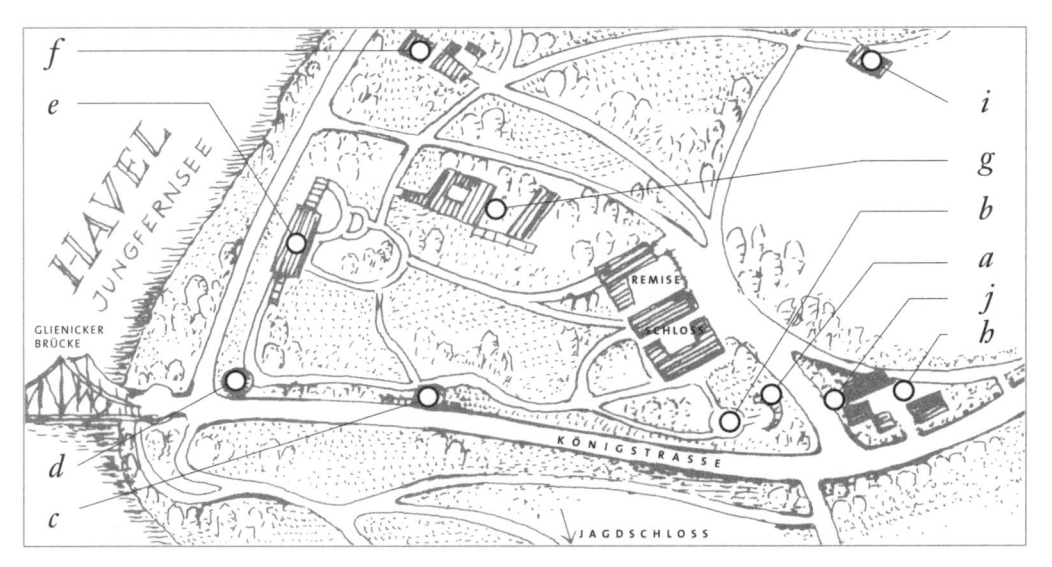

PLAN KLEIN GLIENICKE

57 / Castello ed edifici nel parco di Klein Glienicke

Attraversando il ponte di Glienicke, già in territorio di Berlino, non lontano dal castello del principe Carl – trasformato fra il 1824 ed il 1827 in forme classicistiche da Ludwig Persius, su disegni di Karl Friedrich Schinkel – si trovano alcune *dépendances* italianizzanti.

57 a / Stibadium

Intorno al 1840, la piazza panoramica rialzata davanti al castello venne decorata da Ludwig Persius, sul modello della cosiddetta ›Panca di Mamea‹ sulla strada dei sepolcri di Pompei, come panca circolare coperta.

57 b / Fontana dei Leoni

Questa fontana, in zinco fuso, fu eretta in base a un disegno di Karl Friedrich Schinkel: l'originale dei leoni si trova nella Villa Medici a Roma.

57 c / Piccola Curiosità

Il Padiglione del Tè, vicino alla strada, fu ideato da Karl Friedrich Schinkel in forme neoclassicistiche e ravvivato, nel 1848, da Ferdinand von Arnim, con tre arcate e con fregi rinascimentali sul timpano, acquistati a Firenze.

57 d / Grande Curiosità

Il padiglione aperto fu progettato da Karl Friedrich Schinkel sul modello del tempio rotondo di Tivoli, coronato dal monumento a Lisicrate. L'edificio, ultimato nel 1837, è stato spostato già due volte a causa dei successivi ampliamenti della strada.

GROSSE NEUGIERDE
GRANDE CURIOSITÀ

SCHLOSS KLEIN GLIENICKE
CASTELLO KLEIN GLIENICKE

57 / Schloss und Parkbauten Klein Glienicke
Überschreitet man die Glienicker Brücke in Richtung Berlin, findet man unweit vom Schloss des Prinzen Carl, welches im wesentlichen 1824 bis 1827 durch Ludwig Persius nach Entwürfen von Karl Friedrich Schinkel seine heutige klassizistische Form erhielt, einige italienisierende Dependancen.

57 a / Stibadium
Der erhöhte Aussichtsplatz vor dem Schloss wurde um 1840 von Ludwig Persius nach dem Vorbild der so genannten ›Bank der Mamaja‹ an der Gräberstraße von Pompeji als überdachte Rundbank errichtet.

STIBADIUM

57 b / Löwenfontäne
Das Vorbild der Löwen, nach dem Entwurf Karl Friedrich Schinkels aus Zinkguss gefertigt, befindet sich an der Villa Medici in Rom.

57 c / Kleine Neugierde
Der Teepavillon an der Straße wurde von Karl Friedrich Schinkel in klassizistischer Form gestaltet und auf der Gartenseite 1848 durch Ferdinand von Arnim mit drei aus Florenz erworbenen Bogenarkaden und Giebelfriesen aus der Renaissancezeit belebt.

57 d / Grosse Neugierde
Karl Friedrich Schinkel entwarf den offenen Pavillon in Anlehnung an den Rundtempel von Tivoli, bekrönt vom Denkmal des Lysikrates. Das 1837 fertiggestellte Bauwerk wurde bereits zweimal wegen der Verbreiterung der Straße versetzt.

KLEINE NEUGIERDE
PICCOLA CURIOSITÀ

CASINO

57 e / Casino

Questa costruzione, situata sulle rive dello Havel e affiancata da due pergole, venne realizzata nel 1824/25, trasformando una casetta destinata al gioco del bigliardo. Il progetto, opera di Karl Friedrich Schinkel, venne poi realizzato da Ludwig Persius.

57 f / Casa delle macchine

L'impressionante raggruppamento cubico, formato dalla casa del giardiniere, dal castello d'acqua con serbatoi elevati e la casa delle macchine, venne costruito da Ludwig Persius, nel 1837, sul fiume Havel, non lontano dal Casino.

57 g / Cortile del convento

Questo cortile venne realizzato nel 1850 da Ferdinand von Arnim, con l'impianto di un convento italiano romanticizzante, per sistemarvi la collezione di bassorilievi e spoglie del Medioevo italiano raccolta dal principe Carl.

57 h / Fattoria

Poco lontano, a est del castello, Ludwig Persius eresse, nel 1843/44, in semplici forme italianizzanti, questa fattoria ad ali con annessa torre.

MATROSENHAUS
CASA DEL MARINAIO

57 i / Casa del marinaio

Nel 1840 Ludwig Persius trasformò una modestissima costruzione in questa casetta d'abitazione, anch'essa con una torre, immersa nel verde del bosco, alla maniera di una costruzione italiana.

57 j / Case del portiere nel parco di Glienicke

Dopo la portineria al Johannitertor, costruita nel 1849, con l'affascinante bovindo affiancato da cariatidi, sorsero dal 1852 al 1854, sulla base di un progetto di Ferdinand von Arnim, altre tre portinerie italianizzanti costruite in mattoni.

MASCHINENHAUS
CASA DELLE MACCHINE

57 e / CASINO
Das über dem Havelufer gelegene, von zwei Pergolen gerahmte Bauwerk entstand 1824/25 aus einem früheren Billardhäuschen nach einem Entwurf Karl Friedrich Schinkels und wurde durch Ludwig Persius ausgeführt.

57 f / MASCHINENHAUS
Die wirkungsvolle kubische Baugruppe von Gärtnerhaus, Wasserturm mit Hochbehälter und Maschinenhaus wurde von Ludwig Persius 1837 an der Havel, unweit des Casinos errichtet.

57 g / KLOSTERHOF
Als romantisch nachempfundene italienische Klosteranlage gestaltete Ferdinand von Arnim um 1850 diesen Hof zur Unterbringung mittelalterlicher italienischer Reliefs und Spolien aus der Sammlung des Prinzen Carl.

57 h / WIRTSCHAFTSHOF
Nicht weit östlich vom Schloss errichtete Ludwig Persius 1843/44 die Flügel des Wirtschaftshofes mit Turm in schlichten italienisierenden Formen.

57 i / MATROSENHAUS
Ludwig Persius schuf 1840 aus einem unansehnlichen Vorgängerbau auch dieses kleine, von Waldgelände umgebene Wohnhaus – wiederum mit Turm – in der Art einer italienischen ›fabbrica‹.

57 j / TORHÄUSER IM PARK VON GLIENICKE
Außer dem 1849 errichteten Pförtnerhaus am Johannitertor mit dem reizvollen, von Karyatiden flankierten Erker entstanden 1852 bis 1854 nach dem Entwurf von Ferdinand von Arnim noch drei weitere italienisierende Torhäuser in Backsteinbauweise.

WIRTSCHAFTSHOF
FATTORIA

VILLA ILLAIRE

GIRO DEL PARCO

I visitatori che volessero adesso vedere l'architettura italianizzante del Parco di Sanssouci *dovrebbero, venendo dal* Grünes Gitter, *seguire il viale dei castagni. Dopo aver oltrepassato gli edifici dell'amministrazione siti ai piedi dei terrazzi davanti al castello di Sanssouci, si gira a sinistra e si prosegue per la cosiddetta* Via dell'Economia, *sul lato sud del parco.*

/ A / Villa Liegnitz · *Schadow*

Una costruzione barocca venne trasformata nel 1841 da Albert Dietrich Schadow, con l'aggiunta di motivi italiani, nella Villa Liegnitz. All'epoca servì come residenza per la vecchiaia della seconda moglie di Federico Guglielmo III.

/ B / Villa Illaire · *Persius*

Di fronte si trova la Villa Illaire, che deve il suo nome a Emil Illaire, consigliere di gabinetto di Federico Guglielmo IV. Ludwig Persius creò il modello per il pittoresco raggruppamento di edifici, poi realizzato da Ludwig Ferdinand Hesse. La semplice costruzione barocca che stava prima al suo posto era abitata, del resto, dal suocero di Lenné, il giardiniere di corte Joachim Heinrich Voß. Qui Ludwig Persius riuscì a realizzare una creazione particolarmente felice, alla maniera delle case italiane di campagna, che convince per le sue chiare forme cubiche e il parsimonioso uso della decorazione.

/ C / Fattoria presso il Kuhtor · *Persius*

Nel 1822, Ludwig Persius potè realizzare una propria idea archittetonica giovanile, il suo disegno per la cosiddetta fattoria presso il Kuhtor. Essa doveva servire come casa d'abitazione per Handmann, il giardiniere di corte. Anche in questo caso si tratta della trasformazione di edifici già esistenti, per cui questo gruppo di costruzioni risultò alla fine disposto secondo un orientamento fortemente longitudinale. Dalla parte opposta a quella che dà sul parco, Persius aveva unito i diversi corpi di fabbrica con una pergola (oggi mancante). Il complesso di edifici, con i suoi tetti piani e l'accentuata decorazione, sembra proprio italiano.

VILLA ILLAIRE

FASANERIE
FAGIANERIA

PARKRUNDGANG

Besucher, die nun die italienisierende Architektur des PARKS VON SANSSOUCI *erleben wollen, sollten vom* GRÜNEN GITTER *aus der Kastanienallee folgen und an den Verwaltungsgebäuden vorbei unterhalb der Sanssouciterrassen den links am Südrand der Anlagen verlaufenden* ÖKONOMIEWEG *nutzen.*

/ A / VILLA LIEGNITZ · *Schadow*
Aus einem barocken Vorgängerbau gestaltete Albert Dietrich Schadow 1841 die Villa Liegnitz nach italienischen Motiven um. Die Villa diente einst als Alterssitz für die zweite Gemahlin Friedrich Wilhelms III.

/ B / VILLA ILLAIRE · *Persius*
Unmittelbar gegenüber liegt die Villa Illaire, die ihren Namen dem Kabinettsrat Friedrich Wilhelms IV., Emil Illaire, verdankt. Ludwig Persius schuf den Entwurf für die malerische Baugruppe; Ludwig Ferdinand Hesse führte ihn 1844 bis 1846 aus.
Den einfachen barocken Vorgängerbau hatte übrigens der Schwiegervater Lennés, Hofgärtner Joachim Heinrich Voß, bewohnt. Ludwig Persius gelang hier eine besonders glückliche Schöpfung in der Art italienischer Landhäuser, bestechend durch klare, kubische Formen und sparsame Verwendung wirkungsvoller Schmuckdetails.

/ C / MEIEREI AM KUHTOR · *Persius*
Als frühe eigenständige Architekturidee konnte Ludwig Persius 1832 seinen Entwurf für die so genannte Meierei am Kuhtor als Wohnhaus des Hofgärtners Handmann verwirklichen.
Wiederum handelte es sich um den Umbau älterer Gebäude, weshalb die Baugruppe eine starke Längsorientierung erhielt. Auf der vom Park abgewandten Seite hatte Persius die unterschiedlichen Baukörper durch eine (heute fehlende) Pergola verbunden.
Die Anlage wirkt italienisch durch flachgeneigte Dächer und akzentuierende Loggien.

RÖMISCHE BÄDER
TERME ROMANE

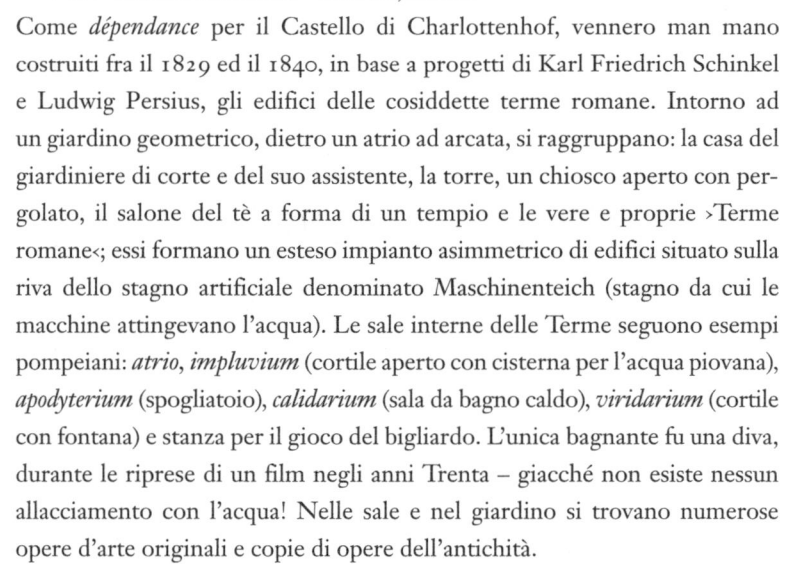

CALDARIUM

/ D / Terme romane · *Schinkel, Persius*

Come *dépendance* per il Castello di Charlottenhof, vennero man mano costruiti fra il 1829 ed il 1840, in base a progetti di Karl Friedrich Schinkel e Ludwig Persius, gli edifici delle cosiddette terme romane. Intorno ad un giardino geometrico, dietro un atrio ad arcata, si raggruppano: la casa del giardiniere di corte e del suo assistente, la torre, un chiosco aperto con pergolato, il salone del tè a forma di un tempio e le vere e proprie ›Terme romane‹; essi formano un esteso impianto asimmetrico di edifici situato sulla riva dello stagno artificiale denominato Maschinenteich (stagno da cui le macchine attingevano l'acqua). Le sale interne delle Terme seguono esempi pompeiani: *atrio, impluvium* (cortile aperto con cisterna per l'acqua piovana), *apodyterium* (spogliatoio), *calidarium* (sala da bagno caldo), *viridarium* (cortile con fontana) e stanza per il gioco del bigliardo. L'unica bagnante fu una diva, durante le riprese di un film negli anni Trenta – giacché non esiste nessun allacciamento con l'acqua! Nelle sale e nel giardino si trovano numerose opere d'arte originali e copie di opere dell'antichità.

/ E / Castello di Charlottenhof · *Schinkel*

Il Castello di Charlottenhof – costruito fra il 1826 ed il 1829 in base a disegni di Karl Friedrich Schinkel per il principe ereditario Federico Guglielmo IV (il quale partecipò personalmente alla progettazione) – venne realizzato trasformando, con mezzi modesti, una casa d'abitazione barocca. Le forme scelte da Schinkel, severe e tendenti alla simmetria, dimostrano l'eleganza dell'antichità romana.
Il terrazzo sul retro assomiglia a quello della Villa Albani. La parete posteriore dell'esedra orientale era originariamente decorata da un affresco pompeiano. Motivi simili sono conservati nei porticati dei lati rivolti verso il parco ed all'interno del castello.

/ F / Ippodromo · *Schinkel*

Dei vari progetti del principe ereditario di creare, intorno a Charlottenhof, un ampio impianto di edifici con motivi del ›Tusculum‹ e del ›Laurentium‹ di Plinio il Giovane, sono stati realizzati nel 1836, in base a disegni di Karl Friedrich Schinkel, solo l'ippodromo ed uno *stibadium* all'interno di quest'ultimo. All'epoca, le piante disposte su terrazze a gradini alludevano alle file dei sedili ascendenti.

/ D / RÖMISCHE BÄDER · *Schinkel, Persius*

Als Dependance für Schloss Charlottenhof entstanden von 1829 bis 1840 nach Plänen von Karl Friedrich Schinkel und Ludwig Persius nacheinander die Bauten der so genannten Römischen Bäder.

Um einen geometrisch angelegten Garten gruppieren sich Hofgärtner- und Gehilfenhaus, Turm, offene Laube, Pergola, tempelartiger Teesalon und das eigentliche Römische Bad hinter einer Arkadenhalle zu einer weitläufigen asymmetrischen Anlage am künstlichen Maschinenteich.

Die Innenräume des Bades folgen pompejanischen Vorbildern: *Atrium* (Vorhalle), *Impluvium* (offener Vorhof mit Zisterne für das Regenwasser), *Apodyterium* (Auskleideraum), *Caldarium* (Baderaum), *Viridarium* (Brunnenhof) und *Bigliardium* (Billardzimmer).

Der einzige Badegast war eine Diva bei Filmaufnahmen in den dreißiger Jahren – es existiert nämlich gar kein Wasseranschluss!

In den Räumen und im Garten befinden sich zahlreiche Originale und Kopien antiker Kunstwerke.

SCHLOSS / CASTELLO DI CHARLOTTENHOF

/ E / SCHLOSS CHARLOTTENHOF · *Schinkel*

Das Schloss Charlottenhof wurde 1826 bis 1829 nach Entwürfen von Karl Friedrich Schinkel für den Kronprinzen Friedrich Wilhelm IV., der sich selbst an der Planung beteiligte, mit bescheidenen Mitteln aus einem barocken Wohnhaus umgestaltet.

Schinkels strenge, zur Symmetrie neigende Formen zeigen die Eleganz der römischen Antike. Die Terrasse an der Rückseite ähnelt derjenigen der Villa Albani.

Die Rückwand der östlichen Exedra (Rundbank) schmückte ursprünglich ein pompejanischer Fries. Erhalten sind ähnliche Motive in den Portiken der Gartenseite und im Inneren des Schlosses.

EINGANG / INGRESSO CHARLOTTENHOF

/ F / HIPPODROM · *Schinkel*

Von den Plänen des Kronprinzen Friedrich Wilhelm IV., um Charlottenhof eine ausgedehnte bauliche Anlage mit Motiven des Tusculum und Laurentium des jüngeren Plinius zu schaffen, wurde nur der HIPPODROM und ein darin befindliches Stibadium nach Plänen Karl Friedrich Schinkels 1836 verwirklicht. Einst deutete eine höhengestaffelte Bepflanzung die ansteigenden Sitzreihen an.

/ G / Fagianeria · *Persius*

Un'affascinante villa italianizzante con torre: così si presentava originariamente la Fagianeria, costruita da Ludwig Persius nel 1844, sita in un terreno recintato per l'allevamento di fagiani, con piccoli stagni alimentati dal fossato (quest'ultimo chiuso nel 1881). L'abitante più conosciuto della villa fu, a proposito, il direttore d'orchestra Wilhelm Furtwängler.

/ H / Tempio dell'amicizia · *Gontard*

In ricordo della sorella preferita, Wilhelmine, margravia di Bayreuth, Federico il Grande fece costruire, fra il 1768 ed il 1770, il Tempio dell'amicizia. Si trattava di un tempio rotondo aperto (*monopteros*), opera di Carl von Gontard. La statuina, collocata all'interno e rappresentante la margravia seduta, fu creata nel 1773 dai fratelli Räntz. Sulle colonne binate vi sono medaglioni con bassorilievi, rappresentanti coppie di amici dell'antichità.

FREUNDSCHAFTSTEMPEL
TEMPIO DELL'AMICIZIA

/ I / Neues Palais · *Manger, Büring, Gontard*

Guardando verso il limite occidentale del parco, si intravede la maestosa sagoma del Neues Palais.

Ancora una volta, Federico il Grande intervenne nella progettazione di questo edificio, realizzata da Heinrich Ludwig Manger, Johann Gottfried Büring e Carl von Gontard. Federico fece eseguire quest'imponente costruzione fra il 1763 ed il 1769, subito dopo la fine della Guerra dei Sette Anni, come castello per i suoi ospiti.

L'edificio è coronato da una cupola che si rifà ad esempi antichi, ma che appare un po' pesante per la linea del suo profilo, e soprattutto però per la mancanza degli ornamenti d'oro originali. Le Communs, progettate da Le Geay come *dépendances*, vengono oggi utilizzate dall'università di Potsdam.

/ J / Tempio delle antichità · *Gontard*

Per sistemare la sua collezione di antichità, Federico II fece costruire, fra il 1768 ed il 1770, il Tempio delle antichità come pendant del Tempio dell'amicizia. Carl von Gontard gli diede la forma di tempio rotondo (tholos). Nel 1830, esso divenne sala commemorativa della regina Luisa. In quell'anno venne qui eretta la prima versione della scultura per il suo sarcofago, eseguita da Christian Daniel Rauch (oggi esposta nel museo Friedrichswerdersche Kirche di Berlino).

Dal 1921, il Tempio delle antichità è il mausoleo dell'imperatrice Augusta Vittoria e di altri membri del casato degli Hohenzollern.

Qui giacciono anche i principi Joachim e Eitel Friedrich (figli di Guglielmo II), il principe Guglielmo (nipotino di Guglielmo II) nonché Hermine, la seconda moglie dell'imperatore in esilio.

ANTIKENTEMPEL
TEMPIO DELLE ANTICHITÀ

/ G / Fasanerie · *Persius*

Als italienisierende, wirkungsvoll gestaffelte Turmvilla gestaltete Ludwig Persius 1844 die Fasanerie.
Sie lag ursprünglich inmitten eines zur Fasanenzucht umzäunten Geländes mit kleinen Teichen, die vom 1881 zugeschütteten Palaisgraben (ehemaliger Transportkanal) gespeist wurden. Bekanntester Bewohner der Villa war übrigens der Dirigent Wilhelm Furtwängler.

FASANERIE
FAGIANERIA

/ H / Freundschaftstempel · *Gontard*

Zum Gedenken an seine Lieblingsschwester, die Markgräfin Wilhelmine von Bayreuth, ließ Friedrich der Große durch Carl von Gontard 1768 bis 1770 den Freundschaftstempel als offenen Rundtempel (Monopteros) errichten. Die im Inneren befindliche Sitzstatuette der Markgräfin schufen die Gebrüder Räntz 1773. An den paarweisen Säulen sind Reliefmedaillons von Freundespaaren der Antike zu sehen.

/ I / Neues Palais · *Manger, Büring, Gontard*

Am westlichen Ende des Parks wird die gravitätische Kulisse des Neuen Palais sichtbar.
In die Planungen von Heinrich Ludwig Manger, Johann Gottfried Büring und Carl von Gontard griff Friedrich der Große immer wieder ein.
Gleich nach dem Siebenjährigen Krieg ließ er den mächtigen Bau 1763 bis 1769 als Gästeschloss ausführen.
Ihn bekrönt eine Kuppel nach antiken Vorbildern, welche durch ihren Umriss, aber vor allem durch das Fehlen der ursprünglichen Goldornamente etwas schwerfällig wirkt. Die von Le Geay als Dependancen entworfenen Communs werden heute von der Potsdamer Universität genutzt.

NEUES PALAIS

/ J / Antikentempel · *Gontard*

Zur Unterbringung seiner Antikensammlung ließ Friedrich der Große 1768 bis 1770 den Antikentempel als Pendant zum Freundschaftstempel errichten. Carl von Gontard gab ihm die Gestalt eines Rundtempels (Tholos). Im Jahre 1830 wurde der Tempel zum Gedenkraum für Königin Luise, als in ihm die erste Fassung von Christian Daniel Rauchs Sarkophag-Skulptur (heute im Museum Friedrichswerdersche Kirche in Berlin) aufgestellt wurde.
Seit 1921 ist der Antikentempel Mausoleum der Kaiserin Auguste Victoria und weiterer Mitglieder des Hohenzollernhauses.
Hier ruhen auch die Prinzen Joachim und Eitel Friedrich (die Söhne Wilhelms II.), Prinz Wilhelm (der Enkel Wihelms II.) sowie die zweite Gemahlin des Kaisers im Exil, Hermine von Preußen.

BELVEDERE
SUL KLAUSBERG

/ K / BELVEDERE SUL KLAUSBERG · *Unger*
A Nord-Ovest del NEUES PALAIS si trova, sito sull'altura del Klausberg, un belvedere eretto fra il 1770 ed il 1772, per il quale Georg Christian Unger prese a modello il *Macellum* di Nerone a Roma, così come risulta dai disegni ricostruttivi di Francesco Bianchini. Dopo i danni subiti durante la guerra e la successiva decadenza, il Belvedere è stato restaurato nel 1990 – 1993.

/ L / CASTELLO DI LINDSTEDT · *Persius, Hesse, Stüler, v. Arnim*
Il Castello di Lindstedt è stato costruito sopra una casa padronale precedente. Sulla base di progetti preliminari di Ludwig Persius, rielaborati da Ludwig Ferdinand Hesse e August Stüler, l'architetto Ferdinand von Arnim eresse tra il 1858 ed il 1860 il pittoresco gruppo di costruzioni, alla maniera delle antiche case di campagna, con torre coperta da una cupola, arcate e doppio prostilo (loggia a forma di tempio).
Il piccolo castello, previsto da Federico Guglielmo IV come sede per la sua vecchiaia, non venne però da lui abitato.

/ M / VIADOTTO · *Persius*
Un po' nascosto, al bordo del bosco di Katharinenholz, un viadotto conduce fino alla Eichenallee attraversando il fossato di drenaggio di Bornstedt. Sulla scorta di esempi romani, Ludwig Persius costruì nel 1843 le snelle arcate di calcare, chiamate popolarmente ›Ponte del diavolo‹.

/ N / TENUTA DELLA CORONA · *Haeberlin*
La tenuta entrò in possesso degli Hohenzollern a partire dal 1844. Dopo un incendio, nel 1846, il vasto impianto venne ristrutturato, in stile italianizzante, da Heinrich Haeberlin. Dopo aver abbattuto parti di costruzione successive, la tenuta è stata restaurata dal 1999 al 2002, ripristinando quasi lo stato originale. Con le sue attrazioni culinarie e culturali è diventata oggi meta preferita di escursioni.

SCHLOSS LINDSTEDT
CASTELLO DI LINDSTEDT

/ K / Belvedere auf dem Klausberg · *Unger*

Nordwestlich vom Neuen Palais befindet sich auf einer Anhöhe das 1770 bis 1772 errichtete Belvedere auf dem Klausberg. Das Macellum des Nero in Rom beziehungsweise dessen zeichnerische Rekonstruktion durch Francesco Bianchini diente Georg Christian Unger als Vorbild.
Nach Kriegsschaden und Verfall wurde das Belvedere 1990 bis 1993 wiederhergestellt.

/ L / Schloss Lindstedt · *Persius, Hesse, Stüler, v. Arnim*

Schloss Lindstedt ging aus einem alten Gutshaus hervor. Nach Vorentwürfen von Ludwig Persius, bearbeitet von Ludwig Ferdinand Hesse und August Stüler, errichtete Ferdinand von Arnim 1858 bis 1860 die malerische Gruppierung nach Art antiker Landhäuser mit Kuppelturm, Arkadengang und Doppel-Prostylos (tempelartige Loggia).
Das von Friedrich Wilhelm IV. als Alterssitz geplante Schlösschen wurde nicht mehr von ihm bewohnt.

/ M / Viadukt · *Persius*

Etwas versteckt, am Rande des Katharinenholzes, führt ein Viadukt über den Bornstedter Entwässerungsgraben zur Eichenallee. Nach römischem Vorbild errichtete Ludwig Persius 1843 die schlanken Bogenarkaden aus Kalkstein, im Volksmund Teufelsbrücke genannt.

/ N / Krongut Bornstedt · *Haeberlin*

Das Krongut Bornstedt war seit 1844 in Hohenzollernbesitz. Nach einem Brand 1846 wurde die ausgedehnte Gutsanlage durch Heinrich Haeberlin in italienisierenden Formen wieder aufgebaut. Unter Abriss späterer Zutaten ist das Krongut von 1999 bis 2002 restauriert und annähernd in seinen ursprünglichen Zustand versetzt worden und ist seither ein beliebtes Ausflugsziel mit gastronomischen und kulturellen Angeboten.

KRONGUT BORNSTEDT
TENUTA DELLA CORONA

NEUE ORANGERIE
NUOVA ORANGERIE

/ O / **Chiesa di Bornstedt** · *Stüler, Haeberlin, Persius jun.*
La chiesa, dopo numerosi progetti preliminari elaborati da August Stüler, venne costruita nel 1856 da Heinrich Haeberlin. Si tratta di un edificio con una grande sala, con campanile separato ed arcate. Molti dettagli architettonici italianizzanti (l'alzata sul timpano per la campana del ›Padre nostro‹, torrette d'angolo eseguite a baldacchino) sono stati ispirati da Federico Guglielmo IV direttamente.

L'annesso orientale, con tre navate per l'abside e la loggia, è stato aggiunto nel 1882, in base ai progetti di Reinhold Persius. Nell'annesso camposanto, preferito da molti per la sua vicinanza a Sanssouci, giacciono importanti personalità della scienza e dell'arte, nonché membri dell'esercito e della nobiltà di corte dei secoli XVIII, XIX e XX.

/ P / **Nuova Orangerie** · *Persius, Stüler, Hesse*
Federico Guglielmo IV pianificò la costruzione del gruppo di edifici della Nuova Orangerie, lungo oltre 300 m, come contrappunto al monumento a forma di tempio a Federico il Grande sul Mühlenberg (monumento, peraltro, mai realizzato) ed in collegamento con il progetto di una Via Trionfale. Altri edifici e viadotti italianizzanti, siti fra questi due punti, avrebbero poi dovuto affiancare questa via. Gli architetti Ludwig Persius, August Stüler e Ludwig Ferdinand Hesse avevano sviluppato numerose varianti di progetto prima che l'imponente edificio venisse realizzato, tra il 1851 ed il 1860, da Carl Hesse. All'esterno dei padiglioni riservati alle piante, si trovano sculture allegoriche in marmo, rappresentanti i mesi e le stagioni.

I padiglioni laterali dell'Orangerie hanno preso a modello il Palazzo degli Uffizi a Firenze, mentre la parte centrale (il castello) si ispira alle due torri belvedere della Villa Medici a Roma. La sala centrale, ispirata invece alla Sala Regia nel Vaticano, è dedicata a Raffaello ed ospita 50 copie di dipinti del grande pittore. Accanto ad essa si trova un appartamento per gli ospiti, lussuosamente arredato, previsto per le visite della sorella del re e del suo consorte, lo zar Nicola I (il quale però morì prima che l'edificio venisse terminato). Dalle torri si gode una bellissima vista panoramica sul parco di Sanssouci, su Bornstedt e sulla città di Potsdam ›immersa nel verde‹.

/ O / **BORNSTEDTER KIRCHE** · *Stüler, Haeberlin, Persius jun.*

Die nach zahlreichen Vorentwürfen August Stülers durch Heinrich Haeberlin 1856 errichtete Kirche ist als Saalbau mit freistehendem Campanile und Arkadengang gestaltet. Viele italienisierende Architekturdetails (der Giebelaufsatz für die Vaterunserglocke, die baldachinartigen Ecktürmchen) sind unmittelbar von Friedrich Wilhelm IV. inspiriert.

Der östliche dreischiffige Anbau für Altarraum und Logen wurde 1882 nach Plänen von Reinhold Persius hinzugefügt. Auf dem wegen seiner Lage nahe Sanssouci bevorzugten Friedhof ruhen bedeutende Persönlichkeiten des 18. bis 20. Jahrhunderts aus Wissenschaft, Kunst, Militär und Hofadel.

BORNSTEDTER KIRCHE
CHIESA DI BORNSTEDT

/ P / **NEUE ORANGERIE** · *Persius, Stüler, Hesse*

Friedrich Wilhelm IV. plante die über 300 m lange Baugruppe der Neuen Orangerie im Zusammenhang mit dem Projekt einer Triumphstraße als Kontrapunkt zum tempelartigen Monument Friedrichs des Großen auf dem Mühlenberg (dieses wurde nicht ausgeführt). Dazwischen sollten weitere italienisierende Gebäude und Viadukte eine Triumphstraße bilden.

Die Architekten Ludwig Persius, August Stüler und Ludwig Ferdinand Hesse hatten zahlreiche Entwurfsvarianten entwickelt, bis das imposante Bauwerk 1851 bis 1860 durch Carl Hesse zur Ausführung gelangte. An den Pflanzenhallen finden sich allegorische Marmorskulpturen der Monate und Jahreszeiten.

Die seitlichen Pavillons der Orangerie haben den Uffizienpalast in Florenz zum Vorbild, der Mittelbau (Schloss) die Doppelturmanlage der Villa Medici in Rom. Der zentrale, die Sala Regia im Vatikan zitierende Raum ist der Raffaelsaal mit 50 Kopien nach Gemälden Raffaels. Daran schließt sich eine prächtig ausgestattete Gästewohnung, gedacht für Besuche der Schwester des Königs und deren Gemahl, Zar Nicolai I., der jedoch vor Vollendung des Bauwerks starb. Die Türme bieten einen herrlichen Rundblick auf den Schlosspark, auf Bornstedt und die Stadt ›im Grünen‹.

SIZILIANISCHER GARTEN
GIARDINO SICILIANO

/ Q / Giardino del paradiso · *Persius*

Nel Giardino del Paradiso – oggi Giardino Botanico dell'Università di Potsdam – si trova un *impluvium*, chiamato anche *stibadium*, che nel 1845 fu eretto in base a progetti di Ludwig Persius. Si presenta come cortile circondato da muri con un annesso rettangolare ad abside chiusa, che imita un modello romano. Al centro vi è una fontana tipo cisterna, che d'estate procura un po' di frescura. L'interno è decorato da pitture parietali che raffigurano paesaggi italiani. Poco oltre, Ludwig Ferdinand Hesse costruì una fontana che scende a cascata giù per i gradini di una scala.

/ R / Due Ville · *Persius, Hesse*

Al di sotto dell'*Orangerie* vi sono due ville, le cui dimensioni piuttosto modeste aumentano viepiù l'effetto monumentale di questa. La villa più grande, quella del giardiniere di corte, fu costruita nel 1844 da Ludwig Persius, per suo cognato Hermann Sello. La villa, a pianta asimmetrica con un belvedere, si trovava, fino al 1913 – 25mo anno di governo dell'imperatore Guglielmo II – nel luogo in cui sorse la ›Terrazza del Giubileo‹. Durante i lavori di spostamento, la casa venne modificata. Nel 1847, Federico Guglielmo IV fece poi realizzare l'altra villa adiacente, destinata alla vedova del suo architetto Persius, prematuramente scomparso. Ludwig Ferdinand Hesse la concepì con un accentuato corpo centrale cui è annessa una lunga costruzione ad ali con portico sormontato da timpano.

/ S / Giardino Nordico e Giardino Siciliano · *Lenné*

La Maulbeerallee (viale dei gelsi) separa il Giardino nordico da quello siciliano. Ambedue vennero realizzati, in maniera simmetrica, da Peter Joseph Lenné nel 1857 – 60. Sul pendio è situato il Giardino nordico, dall'altana del quale, così come dalla grotta sottostante, si gode una magnifica vista sul parco. Ai due lati dell'ingresso della grotta vi sono sarcofagi per bambini, originali di epoca tardo-romana.

Dalla parte che dà verso il parco si trova invece il Giardino siciliano, con piante meridionali in vaso, le quali d'inverno trovano ricovero nella Serra degli aranci (Orangerie). Copie di sculture romane ornano le nicchie nel muro di sostegno al di sotto della balaustrata. Al pianterreno del giardino, copie di opere d'arte romane, fra cui i vasi ›Medici‹ e ›Borghese‹.

/ Q / Paradiesgarten · *Persius*

Im Paradiesgarten, einem heute von der Potsdamer Universität als Botanischer Garten genutzten Gelände, steht ein Impluvium, auch Stibadium genannt, das nach Plänen von Ludwig Persius 1845 errichtet wurde. Es bildet einen ummauerten Hof mit rechteckigem, apsisgeschlossenem Anbau nach antikem römischen Vorbild, in dessen Mitte ein zisternenartiger Brunnen im Sommer für Kühle sorgt. Das Innere zieren Wandgemälde italienischer Landschaften. Unweit davon hat Ludwig Ferdinand Hesse eine Brunnenanlage in der Art einer treppenähnlichen Kaskade erbaut.

/ R / Zwei Villen · *Persius, Hesse*

Unterhalb der Orangerie stehen zwei Villen, deren Kleinteiligkeit die monumentale Wirkung der Orangerie noch steigert.
Das größere Hofgärtnerhaus erbaute Ludwig Persius 1844 für seinen Schwager Hermann Sello.
Die asymmetrische Turmvilla stand bis 1913, dem 25. Regierungsjahr von Kaiser Wilhelm II., an der Stelle der ›Jubiläumsterrasse‹.
Beim Versetzen wurde das Bauwerk verändert. Das benachbarte Wohnhaus ließ Friedrich Wilhelm IV. 1847 für die Witwe seines früh verstorbenen Architekten Persius errichten. Ludwig Ferdinand Hesse entwarf es mit einem betonten Haupttrakt, dem sich ein länglicher Flügelbau mit Giebelportikus anschließt.

/ S / Nordischer und Sizilianischer Garten · *Lenné*

Die Maulbeerallee trennt den Nordischen und den Sizilianischen Garten voneinander. Beide wurden 1857 bis 1860 von Peter Joseph Lenné symmetrisch angelegt. Am Hang liegt der Nordische Garten, dessen Altan mit darunter befindlicher Grotte einen schönen Blick auf den Park gewährt. Auf beiden Seiten neben der Grotte befinden sich originale spätrömische Kindersarkophage. Auf der dem Park zugewandten Seite liegt der Sizilianische Garten mit südlichen Kübelpflanzen aus der Orangerie. Unterhalb der Balustrade zieren Kopien römischer Nachbildungen von antiken Skulpturen die Nischen der Stützmauer.
Im Gartenparterre sehen wir Kopien römischer Kunstwerke, darunter die Vasen ›Medici‹ und ›Borghese‹.

SIZILIANISCHER GARTEN
GIARDINO SICILIANO

VASE MEDICI

NEUE KAMMERN
CAMERE NUOVE

NEUE KAMMERN / PORTICUS
CAMERE NUOVE /
PORTICO OCCIDENTALE

/ T / Casa del mugnaio · *Persius, Hesse*
Accanto alla porta di roccia (Grotta di Tetide), di epoca federiciana, si trova la Casa del mugnaio, in stile italianizzante, realizzata nel 1848 da Ludwig Ferdinand Hesse in base a disegni di Ludwig Persius. Il piano superiore era previsto per l'accoglienza di ospiti reali. Le nicchie nel muro *talud* (uno stile di costruzione delle piramidi a gradini nell'America centrale) presentano copie ridotte, realizzate in terracotta, di sculture antiche raffiguranti le muse.

/ U / Camere Nuove · *Gontard, Unger, Persius, Hesse*
Al palazzo Camere Nuove, sito di fronte, eretto nel 1747 quale Orangerie e trasformato in palazzo degli ospiti nel 1771 – 1775, da Carl von Gontard e Georg Christian Unger, Ludwig Persius aggiunse nel 1842 una loggia sul lato est e ne modificò il frontone settentrionale. Nel 1860, poi, Ludwig Ferdinand Hesse vi aggiunse l'elegante rampa d'accesso ed il portico occidentale. Nella curva della strada che corre al di sopra del muro cicoplico si erge il Mulino storico, il quale, del resto, venne costruito nell'attuale stile olandese solo nel 1790, cioè dopo la morte dell'Alter Fritz. Ai tempi del sovrano, invece, qui vi era un mulino a vento in legno, del tipo a cavalletto.

/ V / Collina delle Rovine · *Knobelsdorff, Persius*
Guardando dal cortile d'onore del castello di Sanssouci, circondato da colonnati, si vede sul Ruinenberg (collina delle rovine) una composizione architettonica creata, nel 1748, da Georg Wenzeslaus von Knobelsdorff intorno al serbatoio d'acqua per le fontane del parco. Da questi ruderi ›artificiali‹ che richiamano quelli del Foro Romano, derivò l'attuale nome della collina, una volta chiamata ›Höneberg‹. Il belvedere ›normanno‹, aggiuntovi nel 1845 da Persius, diventò, durante la seconda guerra mondiale, l'unica rovina autentica del complesso. Esso è stato peraltro ricostruito in occasione della B.U.G.A. (Esposizione nazionale di giardinaggio) del 2001.

RUINENBERG
COLLINA DELLE ROVINE

/ T / Müllerhaus · *Persius, Hesse*
Neben dem friderizianischen Felsentor (Thetisgrotte) liegt das italienisierende Müllerhaus, nach den Entwürfen von Ludwig Persius 1848 ausgeführt durch Ludwig Ferdinand Hesse.
Das Obergeschoss erhielt eine königliche Gästewohnung. Die Nischen in der Taludmauer zeigen verkleinerte Terrakotta-Kopien antiker Musen-Skulpturen.

/ U / Neue Kammern · *Gontard, Unger, Persius, Hesse*
Den gegenüberliegenden, 1747 als Orangerie erbauten, 1771 bis 1775 von Carl von Gontard und Georg Christian Unger als Gästeschloss umgebauten Neuen Kammern wurde 1842 durch Ludwig Persius eine Loggia (Ostseite) angefügt und die Nordfront verändert. Die elegante Auffahrt und den Portikus im Westen fügte Ludwig Ferdinand Hesse 1860 hinzu.
An der Straßenbiegung oberhalb der Zyklopenmauer erhebt sich die 1993 wieder aufgebaute Historische Mühle, die in dieser holländischen Art übrigens erst 1790, also nach dem Tode des ›Alten Fritzen‹, errichtet wurde. Zu dessen Lebzeiten stand hier eine hölzerne Bockwindmühle.

/ V / Ruinenberg · *Knobelsdorff, Persius*
Von dem durch Säulenkolonnaden gebildeten Ehrenhof des Schlosses Sanssouci aus erblickt man auf dem Ruinenberg eine Architekturkomposition, welche Georg Wenzeslaus von Knobelsdorff 1748 um den Hochbehälter für die Fontänenanlagen im Park Sanssouci gruppierte.
Die künstlichen, an das Forum Romanum erinnernden Ruinen gaben dem einstigen Höneberg seinen Namen.
Der 1845 durch Ludwig Persius hinzugefügte normannische Aussichtsturm, den der Krieg 1945 zur einzigen wirklichen Ruine machte, ist anlässlich der BUGA 2001 wiedererstanden.

STEUERHAUS /
SEDE DELL'AMMINISTRAZIONE
FISCALE

/ W / Sede dell'amministrazione fiscale · *Geyer*
Come esempio tardo di una villa con belvedere di Potsdam realizzata nel semplice stile italianizzante di una casa di campagna, Albert Geyer costruì, nel 1887, la casa nella Gregor-Mendel-Straße 24 (sull'angolo est del castello di Sanssouci), allora sede dell'amministrazione fiscale.

/ X / Casa del castellano · *Persius*
Ludwig Persius eresse questa casa nel 1841. Per il piano inferiore, utilizzò una costruzione ad un piano del 1788, fatta a mo' di grotta e posta ad angolo retto rispetto alla Pinacoteca. Dettagli italianizzanti, risalti laterali a forma di loggia nonché l'edicola (un piccolo edificio colonnato antistante con timpano) aggiunta nel 1847 per dare maggior rilievo alla parte centrale, attirano l'attenzione sul sovrastante piano nobile.
Questa costruzione fu realizzata in rapporto con il progetto della Via Trionfale prevista da Federico Guglielmo IV, così come del resto anche la via che corre lungo la balaustrata verso la Pinacoteca, costruita da Gottfried Büring tra il 1755 ed il 1763. Ludwig Persius la aggiunse, nel 1843, al di sopra del corridoio che sporge sul lato posteriore. Il sentiero così derivatone doveva servire a collegare il terrazzo superiore di Sanssouci, tramite un viadotto poi non realizzato, con il monumento a Federico II sul Mühlenberg (oggi Weinberg).

/ Y / Casa del vignaiolo · *Hesse*
Dopo aver abbandonato la realizzazione del progetto di un tempio come sala commemorativa per Federico il Grande, tra il 1847 e il 1850 re Federico Guglielmo IV fece trasformare il Mühlenberg dall'architetto di giardini Peter Joseph Lenné, nella maniera di una vigna italiana a terrazze.
In alto sulla vigna, Ludwig Ferdinand Hesse realizzò, nel 1849, una pittoresca Casa del vignaiolo con un belvedere e delle pergole. Le cariatidi dell'altana, modellate in zinco fuso da August Kiß intorno al 1836, provengono dal *calidarium* delle Terme Romane, perché là, nel 1845, erano state sostituite da statue in marmo.

PARKRUNDGANG

WINZERHAUS
CASA DEL VIGNAIOLO

/ W / STEUERHAUS · *Geyer*
Als ein spätes Beispiel einer Potsdamer Turmvilla im schlichten italienischen Landhausstil erbaute Albert Geyer im Jahre 1887 das Steuerhaus (Gregor-Mendel-Straße 24) an der Straßenkreuzung im Osten des Schlosses Sanssouci.

/ X / KASTELLANSHAUS · *Persius*
Den im rechten Winkel zur Bildergalerie stehenden eingeschossigen, grottierten Bau von 1788 als Untergeschoss nutzend, errichtete Ludwig Persius 1841 das Kastellanshaus.
Italienisierende Details, loggiaartige Seitenrisalite und die 1847 hinzugefügte Ädikula (kleiner Säulenvorbau mit Giebel) als Mittelbetonung heben das vornehm wirkende Hauptgeschoss hervor.
Dieser Bau steht im Zusammenhang mit dem von Friedrich Wilhelm IV. geplanten Triumphstraßenprojekt – wie auch der Balustradengang an der durch Gottfried Büring 1755 bis 1763 erbauten BILDERGALERIE.
Ludwig Persius fügte ihn 1843 oberhalb des an der Rückseite hervortretenden Korridors hinzu. Der so entstandene Gehweg sollte die obere Sanssouci-Terrasse mit einem nicht realisierten Viadukt zum geplanten Friedrich-Monument auf dem MÜHLENBERG (heute WEINBERG) verbinden.

/ Y / WINZERHAUS · *Hesse*
Nach Aufgabe des Tempelprojektes als Gedenkhalle für Friedrich den Großen ließ König Friedrich Wilhelm IV. durch den Gartengestalter Peter Joseph Lenné 1847 bis 1850 den MÜHLENBERG in der Art einer italienischen Vigna terrassieren.
Auf der Höhe des Weinberges errichtete Ludwig Ferdinand Hesse 1849 dazu passend ein malerisches Winzerhaus mit Belvedereturm und Pergolen. Die Karyatiden des Altans aus Zinkguss, von August Kiß um 1836 modelliert, stammen aus dem Caldarium der Römischen Bäder und wurden dort 1845 in Marmor ersetzt.

TRIUMPHTOR
ARCO DI TRIONFO

/ Z / Arco di trionfo · *Stüler, Hesse*

Come ingresso alla Via Trionfale – il cui progetto nel frattempo era stato molto ridimensionato – Ludwig Ferdinand Hesse eresse nel 1851 l'Arco di trionfo, in base a progetti di August Stüler. Dietro di esso, un sentiero avrebbe dovuto condurre, a serpentine, intorno ad un teatro antico e ad un ippodromo. Modello ne fu l'antico Arco degli Argentari a Roma. L'arco è decorato da numerosi bassorilievi di terracotta.

Sui pilastri, a forma di piloni, sulle facce rivolte verso la strada sono rappresentate le quattro virtù cardinali, modellate da Gustav Hermann Bläser: ›Fortezza‹, ›Temperanza‹, ›Giustizia‹ e ›Prudenza‹. Degni di nota sono anche i bassorilievi allegorici raffiguranti ›Telegrafia‹ e ›Ferrovia‹, i simboli del progresso, eseguiti da Friedrich Wilhelm Dankberg. Sull'altro lato ci sono i bassorilievi rappresentanti ›Poesia‹, ›Pittura‹, ›Architettura‹ e ›Scultura‹, realizzati da Bläser. Ma è nei bassorilievi posti all'interno dell'Arco di trionfo, eseguiti da Hermann Schievelbein, dove si evidenzia il vero e proprio carattere contenutistico.

Nel linguaggio delle forme antiche sono infatti rappresentati la partenza in guerra del principe Guglielmo (fratello del re e più tardi imperatore col nome di Guglielmo I) per soffocare l'insurrezione di Baden nel 1849, nonché il suo ritorno vittorioso.

Il termine ›Arco di trionfo‹ è dunque da prendere alla lettera. La vittoria del principe di Prussia, infatti, significò per Federico Guglielmo IV niente meno che la sopravvivenza della Prussia.

MÜHLENBERG

/ Z / Triumphtor · *Stüler, Hesse*

Als Eingang zur inzwischen weit bescheidener geplanten Höhenstraße errichtete Ludwig Ferdinand Hesse 1851 nach Entwürfen August Stülers das Triumphtor. Dahinter sollte ein Weg serpentinenartig um ein antikes Theater und einen Hippodrom emporführen. Vorbild ist der antike Bogen der Geldwechsler ›Arco degli Argentari‹ in Rom. Zahlreiche Terrakotta-Reliefs schmücken das Tor.

Auf den pylonenartigen Pfeilern zur Straße sind die von Gustav Hermann Bläser modellierten vier Kardinaltugenden ›Stärke‹, ›Mäßigung‹, ›Gerechtigkeit‹ und ›Weisheit‹ dargestellt. Bemerkenswert sind auch die allegorischen Reliefs ›Telegraphie‹ und ›Eisenbahn‹ als Symbole des Fortschritts, modelliert von Friedrich Wilhelm Dankberg. Die stadtabgewandte Seite zeigt Reliefs der ›Dichtkunst‹, ›Malerei‹, ›Baukunst‹ und ›Bildhauerkunst‹ von Gustav Hermann Bläser.

Mit den Reliefs von Hermann Schievelbein an den Innenseiten des Triumphtores offenbart sich der eigentliche inhaltliche Charakter. In antiker Formensprache sind der Auszug des Prinzen Wilhelm (Bruder des Königs, späterer Kaiser Wilhelm I.) zur Niederschlagung des Badischen Aufstandes 1849 und seine siegreiche Heimkehr dargestellt.

Der Begriff Triumphtor ist also durchaus wörtlich zu nehmen. Der Sieg des Prinzen bedeutete für Friedrich Wilhelm IV. nichts weniger als den Fortbestand Preußens.

BLICK VOM TURM DER
ORANGERIE AUF DIE STADT
VISTA PANORAMICA
SULLA CITTÀ DI POTSDAM

BAUEN IN POTSDAM – EIN NACHWORT

Jeder Wendepunkt der Geschichte hat einschneidende Folgen für das Stadtbild Potsdams gehabt, sei es der Aufstieg vom unbedeutenden Ackerbürgerstädtchen zur Preußenresidenz mit den stolz aus den Häuserzeilen aufragenden Kirchtürmen unter der Regierung des ›*Soldatenkönigs*‹, sei es die Stein gewordene Sehnsucht *Friedrichs des Großen* nach einem Ruhepol für Geist und Sinn oder das Streben nach südlicher Heiterkeit unter *Friedrich Wilhelm IV.*, sei es die Solidität gründerzeitlicher Vorstadtarchitektur oder das verfehlte Großstadtgehabe, welches Potsdam zur ›sozialistischen Bezirkshauptstadt‹ machen wollte und dabei das liebenswerte, fast kleinstädtische Fluidum nahezu austilgte.

Der Zweite Weltkrieg hatte weite Teile der Innenstadt als Trümmerwüste hinterlassen, jedoch die Konturen der Stadt waren noch klar zu erkennen. Verheißungsvoll schienen in Potsdam die fünfziger Jahre zu beginnen. Ein ganzer Straßenzug von Barockhäusern in der Wilhelm-Staab-Straße (ehemals Hoditzstraße) wurde wieder aufgebaut, in der Yorck- und Dortustraße schlossen sich sehr einfühlsam und maßvoll gestaltete Neubauten in traditioneller Bauweise an. 1954 begann die Rekonstruktion der kriegszerstörten Kuppel der NIKOLAIKIRCHE, die fortan wieder einen optischen Fixpunkt im Stadtzentrum bildete.

Bis 1966 wurde das ALTE RATHAUS äußerlich rekonstruiert und mit dem benachbarten Knobelsdorffschen Bürgerhaus zu einem Kulturhaus ausgebaut. Ab 2010 wird es zum Potsdam-Museum umgebaut.

Dem Bildersturm der Ulbricht-Ära fielen jedoch solche noch als Ruinen stadtbildbestimmenden Bauten wie das STADTSCHLOSS (1960), das SCHAUSPIELHAUS (1966), die GARNISONKIRCHE (1968) und ganze Straßenzüge von Barockfassaden zum Opfer.

Noch 1974 beseitigte man die Turmruine der HEILIGENGEISTKIRCHE und bald darauf die erhaltene und bereits instandgesetzte Barocksubstanz in der Breiten Straße. Jene Zeit zerstörte nachweislich mehr historische Bausubstanz als der Krieg zuvor.

Es folgte der Bau von getypten Wohnhäusern inner- und außerhalb des Stadtzentrums. Mehrere ›Satellitenstädte‹ wuchsen auf bis dahin unbebauten

Territorien zwischen Babelsberg, Drewitz und der Potsdamer Innenstadt empor, ohne jedoch eine wirkliche Verbindung mit ihr herzustellen.

Bisher nur punktuell gewinnt das Stadtbild wieder an Qualität und Kontur, so am Standort der ehemaligen HEILIGENGEISTKIRCHE, wenn auch die Turmgestalt eher befremdlich wirkt.

Kann die architektonische und städtebauliche Qualität der Werke eines *Grael, Gerlach, Knobelsdorff, Persius* oder *Stüler* wieder erreicht werden? Liegt es nicht näher, das holländische Fluidum des STADTKANALS oder Bauten wie die GARNISONKIRCHE, das STADTSCHLOSS und den PALAST BARBERINI zu rekonstruieren, um dem Stadtbild wieder unverwechselbare, feste Konturen zu geben?

Noch wirkt Potsdam anziehend durch eine gelungene Symbiose von gestalteter Natur und vornehm-zurückhaltender Architektur, vielfach in spiegelnden Wasserflächen romantisch überhöht.

Dieser Stadt wieder liebenswerte Züge und touristische Attraktivität zurückzugeben, muß das Ziel der kommunalen Verantwortungsträger sein. Nicht nur der Touristen, sondern auch der Bürger wegen und um die Einmaligkeit dieses STADT-LANDSCHAFTS-RAUMES zu erhalten, ist es Potsdam zu wünschen, dass seine städtebauliche Entwicklung an die großen architektonischen Vorbilder der Vergangenheit anknüpft.

BLICK VOM BABELSBERGER
PARK AUF DIE STADT
VISTA PANORAMICA
DAL PARCO DI BABELSBERG
SULLA CITTÀ DI POTSDAM

COSTRUIRE A POTSDAM – UN EPILOGO

Ogni svolta storica ha avuto delle conseguenze radicali per l'immagine della città di Potsdam. Lo testimonia lo sviluppo da insignificante cittadina agraria a residenza dei re prussiani durante il governo del ›*Soldatenkönig*‹ (re soldato), quando si potevano ammirare le torri che si ergevano orgogliosamente fra le file delle case; lo testimonia anche il profondo desiderio di *Federico il Grande*, tradotto in pietra, di trasformare Potsdam in un luogo tranquillo per la mente e l'animo, così come pure la ricerca della serenità del Sud sotto *Federico Guglielmo IV*; e ancora la solida architettura dei sobborghi del periodo della rivoluzione industriale tedesca e, per finire, le erronee smancerie da metropoli socialista ›capoluogo di regione‹ che finirono quasi con l'annientare il fascino da piccola città che Potsdam ha sempre vantato.

La seconda guerra mondiale aveva ridotto vaste parti del centro in un deserto di macerie, ma si poteva ancora bene riconoscere il profilo della città.

Gli anni Cinquanta sembrarono avere un inizio promettente. Un intero tratto di case barocche nella Wilhelm-Staab-Straße (una volta Hoditzstraße) venne ristrutturato; nella Yorckstraße e nella Dortustraße nuove costruzioni in stile architettonico tradizionale furono realizzate con sensibilità e proporzione.

Nel 1954 cominciò la ristrutturazione della cupola della CHIESA DI S. NICOLA che, distrutta durante la guerra, ritornò ad essere, d'allora in poi, il fulcro ottico del centro urbano.

Entro il 1966 fu ristrutturato esternamente l'ALTES RATHAUS adibito poi, assieme all'attigua casa borghese costruita da *Knobelsdorff*, a Casa della Cultura. A partire dal 2010 questa viene trasformata in ›Museo di Potsdam‹.

Furono però vittime dell'›iconoclastia‹ dell'epoca di Ulbricht costruzioni come il PALAZZO REALE (1960), lo SCHAUSPIELHAUS (Teatro, 1966), la CHIESA DELLA GUARNIGIONE (1968) ed interi tratti di facciate barocche, che, pur essendo delle rovine, continuavano pur sempre a determinare la *silhouette* della città.

Ancora nel 1974, si eliminò la rovina del campanile della CHIESA DELLO SPIRITO SANTO, e non molto tempo dopo i resti barocchi, già parzialmente restaurati, delle case nella Breite Straße. È stato dimostrato che quel periodo ha cancellato più sostanza storica di quanta ne abbia cancellata, pochi anni prima, la guerra.

Dentro e fuori il centro della città sorsero edifici residenziali della stessa tipologia. Alcune città satelliti, intanto, crescevano su aree fino ad allora non edificate, fra Babelsberg, Drewitz ed il centro della città, senza però creare un vero collegamento con l'area storica.

Oggi, l'immagine della città sta riacquistando valore e forma, sia pur solo in alcuni punti; come sul luogo dell'ex CHIESA DELLO SPIRITO SANTO, anche se la forma dell'attuale campanile sembra piuttosto strana.

Si potrà raggiungere nuovamente la qualità architettonica ed urbanistica delle opere di *Grael, Gerlach, Knobelsdorff, Persius* o *Stüler*? Non sarebbe meglio ricreare il fascino olandese del CANALE DELLA CITTÀ oppure ricostruire la CHIESA DELLA GUARNIGIONE, il PALAZZO REALE ed il PALAZZO BARBERINI per restituire all'immagine della città un profilo inconfondibile e preciso?

La città di Potsdam attrae ancora oggi per il riuscito connubio tra la natura modellata e l'architettura inseritavi con aristocratica discrezione, o a volte romanticamente esasperata nel riflesso delle acque specchianti.

L'obiettivo dei responsabili del Comune dovrà essere quello di restituire a questa città elementi attraenti e la forza di attrazione turistica. Auguriamo alla città di Potsdam che il suo sviluppo urbanistico possa riallacciarsi ai grandi esempi architettonici del passato, non soltanto per il turista, ma anche per i cittadini stessi e, soprattutto, per preservare l'eccezionalità di questo straordinario connubio di città-paesaggio-ambiente.

SCHAUSPIELHAUS /
TEATRO
(ZERSTÖRT / DISTRUTTO)

ORTSVERZEICHNIS / ELENCO DEI LUOGHI

Acht Ecken 21 · *Otto angoli 20* / 7 /
Alter Markt 15 · *14*
Altes Rathaus 15 · *Municipio Vecchio 14* / 1 /
Am Neuen Markt n°5 21 · *20* / 9 /
Am Neuen Markt n°10 23 · *22* / 11 /
Antikentempel 61 · *Tempio delle antichità 60* / J /
Belvedere auf dem Klausberg 63 · *Belvedere sul Klausberg 62* / K /
Bornstedter Kirche 65 · *Chiesa di Bornstedt 64* / O /
Brandenburger Tor 27 · *Porta di Brandeburgo 26* / 19 /
Christuspforte 33 · *Portale di Cristo 32* / 26 /
Dreikönigstor 35 · *Portale dei tre re 34* / 27 /
Eckhaus 15 · *Casa ad angolo 14* / 2 /
Einsiedelei 49 · *Ermitage 48* / 51 /
Fasanerie 61 · *Fagianeria 60* / G /
Französische Kirche 45 · *Chiesa Francese 44* / 46 /
Freundschaftstempel 61 · *Tempio dell'amicizia 60* / H /
Friedenskirche 29 · *Chiesa della Pace 28* / 24 /
Garde-Ulanen-Kaserne 27 ·
    Caserma del reggimento degli ulani 26 / 20 /
Garnisonschule 25 · *Scuola della Guarnigione 24* / 15 /
Glockenspiel der Garnisonkirche 27 ·
    Carillon Chiesa della Guarnigione 26 / 18 /
Grünes Gitter 33, 57 · *32, 56*
Haus Borgmann 35 · *Casa Borgmann 34* / 30 /
Haus des Hofgärtners 39 · *Casa del giardiniere di corte 38* / 36 /
Haus des Stallmeisters 27 · *Casa del capo delle scuderie 26* / 21 /
Haus Wendorf 47 · *Casa Wendorf 46* / 49 /
Haus Woytasch 47 · *Casa Woytasch 46* / 48 /
Hippodrom 59 · *Ippodromo 58* / F /
Holländisches Viertel 43 · *Quartiere Olandese 42* / 44 /
Jägertor / Jägerhotel 37 · *Porta del cacciatore / Jägerhotel 36* / 31 /
Kaserne des Infanterieregiments n° 9 25 ·
    Caserma del reggimento di fanteria n° 9 24 / 16 /
Kastellanshaus 71 · *Casa del castellano 70* / X /
Königliches Kabinettshaus 23 · *Casa del gabinetto reale 22* / 12 /
Krongut Bornstedt 63 · *Tenuta della Corona 62* / N /
Kutschstall 23 · *Rimessa delle carrozze 22* / 10 /
Landgericht 37 · *Tribunale 36* / 33 /
Langer Stall 25 · *Stalla lunga 24* / 17 /
Marstall 23 · *Scuderie 22* / 13 /

Mausoleum 33 · *Mausoleo* 32   / 25 /
Meierei am Kuhtor 57 · *Fattoria presso il Kuhtor* 56   / C /
Müllerhaus 69 · *Casa del mugnaio* 68   / T /
Nauener Tor 43 · *Porta di Nauen* 42   / 43 /
Neue Kammern 69 · *Camere Nuove* 68   / U /
Neue Orangerie 65 · *Nuova Orangerie* 64   / P /
Neuer Markt 21 · *Mercato Nuovo* 20   / 8 /
Neues Palais 61 · 60   / I /
Nikolaikirche 19 · *Chiesa di S. Nicola* 18   / 6 /
Nordischer und Sizilianischer Garten 67 ·
    Giardino nordico e giardino siciliano 66   / S /
Obelisk 17 · *Obelisco* 16   / 4 /
Ökonomieweg 57 · *Via dell'Economia* 56
Palais am Stadthaus 39 · *38*   / 37 /
Palais Ingersleben 25 · *24*   / 14 /
Palast Barberini 17 · *16*   / 5 /
Paradiesgarten 67 · *Giardino del paradiso* 66   / Q /
Persius-Speicher 47 · *Magazzino di Persius* 46   / 47 /
Pfingstberg-Belvedere 49 · *Belvedere sul Pfingstberg* 48   / 53 /
Pomonatempel 49 · *Tempio della dea Pomona* 48   / 52 /
Römische Bäder 59 · *Terme romane* 58   / D /
Ruinenberg 69 · *Collina delle Rovine* 68   / V /
Sacrower Heilandskirche 51 ·
    Chiesa del Redentore di Sacrow 50   / 56 /
Schloss Charlottenhof 59 · *Castello di Charlottenhof* 58   / E /
Schloss Lindstedt 63 · *Castello di Lindstedt* 62   / L /
Schloss und Parkbauten Klein Glienicke 53, 55 ·
    Castello ed edifici nel parco di Klein Glienicke 52, 54   / 57 a – j /
Stadtschloss 17 · *Palazzo reale* 16   / 3 /
Am Neuen Markt n° 10 23 · 22   / 11 /
St. Josephskrankenhaus 29 · *Ospedale di S. Giuseppe* 28   / 22 /
St. Peter und Paul 43 · *SS. Pietro e Paolo* 42   / 45 /
Steuerhaus 71 · *Sede dell'amministrazione fiscale* 70   / W /
Triumphtor 73 · *Arco di trionfo* 72   / Z /
Viadukt 63 · *Viadotto* 62   / M /
Villa Arndt 39 · *38*   / 38 /
Villa Arnim 35 · *34*   / 28 /
Villa von Hacke 37 · *36*   / 32 /
Villa Hegelallee n°5 39 · *38*   / 34 /
Villa Henckel 51 · *50*   / 54 /
Villa Illaire 57 · *56*   / B /
Villa Jacobs 41 · *40*   / 41 /

Villa Liegnitz 57 · 56   / A /
Villa Pichowsky 41 · 40   / 39 /
Villa Schöningen 51 · 50   / 55 /
Villa Tieck 35 · 34   / 29 /
Villa Tiedke 41 · 40   / 40 /
Villa Quistorp 39 · 38   / 35 /
Villa Viedebrantt 47 · 46   / 50 /
Winzerhaus 71 · Casa del vignaiolo 70   / Y /
Wohnhaus Koch 41 · 40   / 42 /
Zivilkabinettshaus 29 · Casa del gabinetto civile 28   / 23 /
Zwei Villen 67 · Due Ville 66   / R /

PERSONENVERZEICHNIS / ELENCO DELLE PERSONE

Algarotti, Francesco Graf (1712 – 1765) ·
  Schriftsteller, Architekturtheoretiker · scrittore, teorico dell'architettura
Arnim, Ferdinand Heinrich Ludwig von (1814 – 1866) · Architekt · architetto
Auguste Victoria (1858 – 1921) · deutsche Kaiserin · imperatrice tedesca
Begas, Reinhold (1831 – 1911) · Bildhauer · scultore
Bendel, Gottlob David (1753 – 1803) · Hofzimmermeister · carpentiere di corte
Bianchini, Francesco (1662 – 1729) · Architekt · architetto
Bläser, Gustav Herrmann (1813 – 1874) · Bildhauer · scultore
Bodt, Jean de (1670 – 1745) · Architekt · architetto
Borsig, Johann Friedrich August (1804 – 1854) ·
  Maschinenfabrikant · fabbricante di macchine
Boumann, Jan [Johann] (1706 – 1776) · Architekt · architetto
Büring, Johann Gottfried (1723 – nach 1788) · Architekt · architetto
Carl, Prinz von Preußen (1801 – 1883) · principe di Prussia
Cornelius, Peter Joseph von (1783 – 1867) · Historienmaler · pittore storico
Dankberg, Friedrich Wilhelm (1819 – 1866) · Bildhauer · scultore
Diterichs, Friedrich Wilhelm (1702 – 1782) · Architekt · architetto
Friedrich II. ›Friedrich der Große‹ (1712 – 1786) ·
  1740 König von Preußen · re di Prussia
Friedrich III. (1831 – 1888) ·
  1888 König von Preußen und deutscher Kaiser · re di Prussia e imperatore tedesco
Friedrich Wilhelm I. ›Soldatenkönig‹ (1688 – 1740) ·
  1713 König in Preußen · re di Prussia
Friedrich Wilhelm II. (1744 – 1797) · 1786 König von Preußen · re di Prussia
Friedrich Wilhelm III. (1770 – 1840) · 1797 König von Preußen · re di Prussia
Friedrich Wilhelm IV. (1795 – 1861) · 1840 König von Preußen · re di Prussia
Fuga, Ferdinando (1699 – 1781) · Architekt · architetto

PERSONENVERZEICHNIS / ELENCO DELLE PERSONE

Furtwängler, Wilhelm (1886 – 1954) · Dirigent · direttore d'orchestra
Gerlach, Johann Philipp (1679 – 1748) · Architekt · architetto
Geyer, Albert (1846 – 1938) · Architekt · architetto
Glume, Friedrich Christian (1714 – 1752) · Bildhauer · scultore
Gontard, Carl Philipp Christian von (1731 – 1791) · Architekt · architetto
Grael, Johann Friedrich (1707 – 1740) · Architekt · architetto
Grüneberg, Johann Friedrich Wilhelm (1751 – 1808) · Orgelbauer · fabbricante d'organi
Haeberlin, Johann Heinrich (1799 – 1866) · Architekt · architetto
Hampel, Georg Carl (1786 – ?) · Architekt · architetto
Handtmann, Carl (1776 – 1852) · Hofgärtner · giardiniere di corte
Heydert, Martin Ludwig d. J. (1788 – 1862) · Hofgärtner · giardiniere di corte
Henckel, Hermann (1826 – ?) · Bankdirektor · direttore di banca
Herrmann, Heinrich (1821 – 1889) · Architekt · architetto
Hesse, Ludwig Ferdinand (1795 – 1876) · Architekt · architetto
Hesse, Carl Johann Paul (1827 – 1895) · Architekt · architetto
Heymüller, Johann Matthias Gottlieb (vor 1715 – 1763) · Bildhauer · scultore
Illaire, Ernst Emil (1797 – 1866) · Geheimer Kabinettsrat · consigliere di Gabinetto
Ingersleben, Carl Ludwig von (1709 – 1781) · Generalmajor · generale di divisione
Jury, Johann Friedrich Wilhelm († Febr. 1785) · Kupferschmied · ramaio
Kieschke, Paul (1851 – 1905) · Architekt · architetto
Kiß, August Karl Eduard (1802 – 1865) · Bildhauer · scultore
Kloeber, August von (1546 – 1608) · Maler · pittore
Knobelsdorff, Hans Georg Wenzeslaus von (1699 – 1753) ·
    Architekt und Maler · architetto e pittore
Koch, Friedrich Wilhelm (1815 – 1889) · Bildhauer · scultore
Krüger, Andreas Ludwig (1743 – 1822) · Architekt · architetto
Lenné, Peter Joseph (1789 – 1866) · Gartenkünstler · paesaggista
Luise (1776 – 1810) · Königin von Preußen · regina di Prussia
Maderna, Carlo (1556-1629) · Architekt · architetto
Manger, Heinrich Ludwig (1728-1790) · Architekt · architetto
Nikolai I. (1796-1855) · Zar von Rußland · zar di Russia
Oesfeld, Carl Ludwig (1741 – 1804) · Kartograph, Topograph · cartografo e topografo
Palladio, Andrea (1508 – 1580) · Architekt · architetto
Persius, Friedrich Ludwig (1803 – 1845) · Architekt · architetto
Persius, Charlotte Pauline Thusnelde (1808 – 1883) ·
    Ehefrau von Friedrich Ludwig Persius · moglie di Friedrich Ludwig Persius
Persius, Ludwig Ernst Reinhold jun. (1835 – 1912) · Architekt · architetto
Pesne, Antoine (1683 – 1757) · Maler · pittore
Petzholtz, Ernst jun. (1839 – 1904) · Hofbaumeister · architetto di corte
Pitrou, Robert (1684 – 1750) · Architekt · architetto
Raffael [Raffaello Santi] (1483 – 1520) · Maler · pittore
Räntz, Johann David (1729 – 1783) · Bildhauer · scultore

Räntz, Johann Lorenz Wilhelm (1733 – 1776) · Bildhauer · scultore
Raschdorff, Julius Carl (1823 – 1914) · Architekt · architetto
Rauch, Christian Daniel (1777-1857) · Bildhauer · scultore
Rietschel, Ernst Friedrich August (1804-1861) · Bildhauer · scultore
Rosendahl, Bernhard Wilhelm (1804 – 1846) · Maler · pittore
Salzenberg, Wilhelm (1803 – 1887) · Architekt · architetto
Sanmichele, Michele (1484 – 1559) · Architekt · architetto
Schadow, Albert Dietrich (1797 – 1869) · Architekt · architetto
Schinkel, Karl Friedrich (1781 – 1841) · Architekt und Maler · architetto e pittore
Sello, Hermann (1800 – 1876) · Hofgärtner · giardiniere di corte
Stüler, Friedrich August (1800 – 1865) · Architekt · architetto
Thorvaldsen, Bertel (1770 – 1844) · Bildhauer · scultore
Tieck, Christian Friedrich (1776 – 1851) · Bildhauer · scultore
Tieck, Johann Ludwig (1773 – 1853) · Dichter, Lyriker · poeta lirico
Titz, Eduard (1819 – 1890) · Architekt · architetto
Tresckow, Henning v. (1903 – 1944) · Offizier · ufficiale
Unger, Georg Christian (1743 – 1799) · Architekt · architetto
Voß, Joachim Heinrich (1764 – 1843) · Hofgärtner · giardiniere di corte
Wilhelm I. (1797 – 1888) ·
    1861 König von Preußen, 1871 deutscher Kaiser · re di Prussia e imperatore tedesco
Wilhelm II. (1859 – 1941) ·
    König von Preußen, 1888 – 1918 deutscher Kaiser · re di Prussia e imperatore tedesco
Wilhelmine (1709 – 1758) · Markgräfin von Bayreuth · magravia di Bayreuth
Wohler, Johann Christoph (1748 – 1799) · Bildhauer · scultore
Wohler, Michael Christoph (1754 – 1802) · Bildhauer · scultore
Ziller, Christian Heinrich (1792 – 1868) · Architekt · architetto

© 2001 / 2010 ›Il Ponte‹ Brandenburgische Gesellschaft der Freunde Italiens e.V
›Il Ponte‹ *Associazione Brandeburghese degli Amici d'Italia*
Vogelsang 32 · 14478 Potsdam · www.il-ponte-potsdam.de

Diese Publikation erscheint mit freundlicher Unterstützung von
Questa pubblicazione è stata realizzata grazie al contributo di

Stadt Potsdam
Istituto Italiano di Cultura, Berlin
Pro Potsdam gmbh

Übersetzung ins Italienische / *Traduzione*: Maria-Luise Döring
Gestaltung / *Layout*: Sophie Spuler

Druckerei / *Stampa*: Gieselmann
ISBN 978-3-00-029835-6

STADTRUNDGANG · GIRO DELLA CITTÀ DI POTSDAM

1. ALTES RATHAUS · MUNICIPIO VECCHIO
2. ECKHAUS · CASA AD ANGOLO
3. STADTSCHLOSS · PALAZZO REALE
4. OBELISK · OBELISCO
5. PALAST BARBERINI
6. NIKOLAIKIRCHE · CHIESA DI S. NICOLA
7. ACHT ECKEN · OTTO ANGOLI
8. NEUER MARKT 3 · MERCATO NUOVO
9. AM NEUEN MARKT 5
10. KUTSCHSTALL · RIMESSA DELLE CARROZZE
11. AM NEUEN MARKT 10
12. KÖNIGLICHES KABINETTSHAUS · CASA DEL GABINETTO REALE
13. MARSTALL · SCUDERIE
14. PALAIS INGERSLEBEN
15. GARNISONSCHULE · SCUOLA DELLA GUARNIGIONE
16. KASERNE · CASERMA
17. LANGER STALL · STALLA LUNGA
18. GLOCKENSPIEL DER GARNISONKIRCHE · CARILLON
19. BRANDENBURGER TOR · PORTA DI BRANDEBURGO
20. GARDE-ULANEN-KASERNE · CASERMA DEL REGGIMENTO DEGLI ULANI
21. HAUS DES STALLMEISTERS · CASA DEL CAPO DELLE SCUDERIE
22. ST. JOSEPHSKRANKENHAUS · OSPEDALE DI S. GIUSEPPE
23. ZIVILKABINETTSHAUS · CASA DEL GABINETTO CIVILE
24. FRIEDENSKIRCHE · CHIESA DELLA PACE
25. MAUSOLEUM · MAUSOLEO
26. CHRISTUSPFORTE · PORTALE DI CRISTO
27. DREIKÖNIGSTOR · PORTALE DEI TRE RE
28. VILLA ARNIM
29. VILLA TIECK
30. HAUS BORGMANN
31. JÄGERTOR · PORTA DEL CACCIATORE
32. VILLA VON HACKE
33. LANDGERICHT · TRIBUNALE
34. VILLA HEGELALLEE N°5
35. VILLA QUISTORP
36. HAUS DES HOFGÄRTNERS · CASA DEL GIARDINIERE DI CORTE
37. PALAIS AM STADTHAUS
38. VILLA ARNDT
39. VILLA PICHOWSKY
40. VILLA TIEDKE
41. VILLA JACOBS
42. WOHNHAUS KOCH
43. NAUENER TOR · PORTA DI NAUEN
44. HOLLÄNDISCHES VIERTEL · QUARTIERE OLANDESE
45. ST. PETER UND PAUL · SS. PIETRO E PAOLO
46. FRANZÖSISCHE KIRCHE · CHIESA FRANCESE
47. PERSIUS-SPEICHER · MAGAZZINO DI PERSIUS
48. HAUS WOYTASCH
49. HAUS WENDORF
50. VILLA VIEDEBRANTT
51. EINSIEDELEI · ERMITAGE
52. POMONATEMPEL · TEMPIO DELLA DEA POMONA
53. PFINGSTBERG-BELVEDERE · BELVEDERE SUL PFINGSTBERG
54. VILLA HENCKEL
55. VILLA SCHÖNINGEN
56. SACROWER HEILANDSKIRCHE · CHIESA DEL REDENTORE
57. SCHLOSS UND PARK KLEIN GLIENICKE · EDIFICI NEL PARCO DI KLEIN GLIENICKE